AF293810

Résilience et leadership, sans blabla !

Cornelia Findeisen

Résilience et leadership, sans blabla !

*Comment (se) transformer et rebondir
dans la crise*

Livre recueil-guide inspirant pour managers,
entrepreneurs, dirigeants

JDH Éditions
Les Pros de l'Éco

Idée générale

Les dirigeants, top managers et entrepreneurs savent tous que le chemin de la réussite est jalonné d'obstacles, d'échecs et même de crises majeures.

La révolution digitale et désormais la crise de la COVID (et celles qui suivront !) accentuent le besoin en leaders, managers et dirigeants capables de (se) remobiliser, de fédérer, de donner un nouveau cap, même dans la tempête et dans l'incertitude absolue.

Partant de l'adage « ***seules sont perdues d'avance les batailles qu'on ne livre pas*** », comment se battre pour son entreprise, son projet, ses équipes, comment (re)donner du sens, un cap ? Quelles ressources personnelles, business/stratégiques, humaines et managériales, méthodologiques mobiliser et comment ? Existe-t-il des recettes universelles du *positive leader* ?

Pour s'éloigner des livres manuels qui parlent d'approches théoriques loin de la pratique et du terrain, ce livre veut apporter des réponses et des conseils à partir du vécu et d'expériences terrain de dirigeants et managers qui ont été (ou sont toujours) « sur le front ».

Autour de témoignages de top managers et dirigeants très variés (entreprises, collectivités, milieux hospitalier et militaire, start-ups...), il s'agit de comprendre et tirer des conclusions concrètes de « comment peut-on s'en sortir en tant que leader-dirigeant dans des situations de crise, comment (se) remobiliser et transformer, peut-être grandir, apprendre, voire mieux faire grâce à ou malgré des contextes d'échec, de crise, d'incertitude et de stress extrême ? ».

Blog du livre :

https://www.resilienceleadershipsansblabla.com

Les grands témoins interviewés

1. **Romain BARAT**, Ancien Officier de l'Armée de terre, pilote d'hélicoptère des forces spéciales

2. **France BURGY**, Directrice générale du Conseil national de la Fonction Publique Territoriale (CNFPT)

3. **Laurent CHOUKROUN**, Fondateur-Dirigeant de Synergie Family

4. **Laurent CLUZEL**, Général de l'Armée de terre (ITW à valider)

5. **Fabienne CORRUBLE**, Fondatrice-Dirigeante Actions & Territoires, ex-Directrice déléguée ENGIE

6. **Cécile DE LASTEYRIE**, Directrice Marketing & Commercial, PwC France

7. **Lucille DESJONQUERES**, Présidente Leyders Associates et International Women's Forum

8. **Laurent DES PLACES**, Partner KPMG, Head of Automotive, France

9. **Dr. Adnan El BAKRI**, Fondateur CEO Innov Health (PassCare)

10. **Fadi FARAH**[1], Fondateur-Associé Easy-Verres

---

[1] Interview non publiée.

11. **Aude FOURNIER**, Directrice générale adjointe Partenaire et Ressources, Conseil Départemental du Nord, VP Association des DRH des Grandes Collectivités

12. **Inès GRAVEY**, Co-fondatrice du programme HOSPITALENTS, Directrice d'hôpital

13. **Maria HARTI**[2], Présidente INTERFACES, Ex-DG Ouibus et iDTGV (ITW non publiée)

14. **Florence HERMELIN**, Directrice Innovation & Stratégie GroupM France

15. **Catherine JACQUET**, Directrice Conseil, DELOITTE

16. **Olivier KUDLIKOWSKI**, DRH Commercial-International, Air France KLM

17. **François LAMY**[3], fondateur d'un cabinet de coaching, ancien prêtre

18. **Luisa MUNARETTO**, Founder & CEO Tech-IA ImpactInvest Paris-Delhi

19. **Caroline POROT**, Directrice de l'École 42 Mulhouse, ex-Chief Digital Officer Région Grand Est, Fondatrice du Réseau de l'innovation publique

20. **Corinne PITAVY**, consultante, ex-DG Groupe Express Roularta

21. **Sandrine YANA**, Directrice associée Galileo Courtage

---

[2] Interview non publiée.
[3] Interview non publiée.

L'auteure

Cornelia Findeisen est originaire d'Allemagne.

Arrivée en France à 22 ans pour faire des études d'arabe à La Sorbonne, elle a continué par une école de commerce, puis un DESS en Commerce International. Après une première expérience comme consultante, y compris à l'international, elle intègre l'ENA via une voie d'accès réservée aux ressortissants allemands. Issue de la promotion Léopold Sédar Senghor, celle d'Emmanuel Macron, elle demande et obtient d'accéder à des postes en ministère normalement réservés aux « énarques » français.

Après deux premières expériences en ministères parisiens, elle tente l'expérience des emplois de direction générale dans des collectivités territoriales, ce qui lui vaut bientôt de sillonner les territoires de la France du nord au sud. Avec sa famille elle s'établit d'abord à Dunkerque, puis à Saint-Étienne, Pau, Le Havre… Elle est ainsi amenée à collaborer directement avec des figures politiques illustres, dont Michel Delebarre, François Bayrou et Édouard Philippe, mais aussi à gérer des portefeuilles très divers : des relations internationales aux affaires sociales, en passant par la transition digitale, les programmes de modernisation de l'administration et enfin de développement économique. Mais ce qui la passionne le plus, c'est de découvrir le métier de manager sous toutes ses facettes : manager de petites équipes de cadres sup et d'experts, management de grosses structures de plus de 1 600 personnes dans des services de proximité et sur le terrain, management en réseau et management de projets...

Elle se confronte alors aux nouveaux défis pour leaders contemporains : défis de posture, de méthodes et organisationnels. Malgré les rigidités des organisations publiques, elle engage de nombreux chantiers de transformation. Elle va alors se former, en partie en autodidacte, à diverses approches « agiles », au coaching et à l'accompagnement du changement, jusqu'à se faire certifier « Chief Digital Officer » et « Accompagnateur de projets de start-ups et d'intrapreneuriat ».

Cornelia Findeisen est également co-fondatrice de sociétés et de projets d'entreprises innovantes et elle intervient régulièrement comme formatrice et conférencière, en France et à l'international.

Quadragénaire, elle est mariée avec un ex-informaticien qui, après la naissance de leur 3e fille et leur 3e changement de région, a tout plaqué pour devenir « chef de famille à temps complet ».

Ils sont aujourd'hui installés dans la région havraise.

À Stéphane, sans lequel rien ne serait possible pour moi.

À mes filles, ma famille, mes proches, qui m'ont soutenue et supportée.

À mes amis et collègues, et particulièrement à Marine.

Préface

Un accélérateur d'avenir

Je ne remercie pas la surréaction mondiale face à cette terrible pandémie, mais elle aura eu le mérite d'accélérer l'avènement d'un monde d'après, de mettre en évidence le visage de ce nouveau monde qui était en gestation. Beaucoup d'entreprises en sortiront affaiblies, voire mortes, tandis que d'autres en sortiront renforcées. En l'occurrence, celles qui auront été capables de se réinventer, car toute crise est par définition imprévisible et porteuse de nouveautés. Les entreprises qui ont négligé l'outil numérique, qui ne l'avaient pas intégré dans leur stratégie, souffrent évidemment beaucoup plus que celles qui s'étaient déjà, avant la crise de la COVID-19, préparées à l'avenir. Cette crise est tout simplement un accélérateur d'avenir.

Chez JDH Éditions, nous avions déjà tablé sur les nouvelles méthodes de production, à savoir l'impression à la demande, modèle d'avenir de l'édition, bien plus écologique que le modèle classique d'impression où l'on imprime un stock de livres à l'avance, qui, pour une grande partie, finit au pilon. Nous avions aussi tablé sur Internet, et dès qu'il a été question de fermer les librairies et les salons, nous avons été les seuls à lancer le concept de dédicaces en ligne, qui a remporté un franc succès auprès de nos auteurs et leurs lecteurs. Le télétravail était déjà la règle chez nous, et la crise a permis de renforcer une cohésion d'équipe, encore plus forte à distance qu'en présentiel. Je déplore d'ailleurs que la France ait longtemps été en retard sur le télétravail, par rapport à son voisin allemand ou même par rapport à son lointain voisin brésilien, et l'est encore malgré ce séisme. Le présentiel n'est pas mort, mais il doit désormais se doubler du distanciel. Cela s'est imposé à nous depuis des années, mais il aura fallu cette crise pour que beaucoup d'entreprises en prennent conscience.

La résilience trouve ses sources dans la flexibilité, dans la sortie des cadres rigides du management qui sont enseignés dans les écoles. L'imagination ne s'apprend pas, elle se construit par essais et erreurs.

Aussi, je suis heureux de constater que de nombreuses entreprises aient fait preuve d'une remarquable agilité dans ce contexte. Le monde des affaires est darwinien. On peut le regretter, mais c'est ainsi. Oui, je plains celles qui n'ont pas eu la chance d'obtenir des prêts garantis par l'État, un prêt qui a été un formidable outil non pas de développement, mais de tranquillité.

Je remercie Cornelia de publier chez JDH Éditions ce formidable recueil de témoignages, riche d'enseignements empiriques sur la résilience du monde de l'entreprise.

Mais ne nous reposons pas sur nos lauriers, car le monde de l'entreprise est un combat permanent...

Place, maintenant, à la résilience faite réalité !

Jean-David HADDAD

Professeur Agrégé de Sciences Économiques et Sociales

Président-Fondateur de JDH ÉDITIONS (groupe EDICO)

Le making of

Écrire pour partager et raconter mes expériences et analyses sur le leadership et le management, voilà une idée qui me trottait dans la tête depuis quelque temps.

Cela fait plus de 15 ans que j'occupe des postes de direction, que je manage de petites équipes de cadres sup, des équipes projet, mais aussi de très grandes équipes opérationnelles. Ce rôle de leader et manager m'a toujours autant passionnée que questionnée. J'ai pas mal expérimenté de nouvelles approches, me suis énormément formée. Tout ce que j'ai appris et tenté de mettre en œuvre n'a pas toujours fonctionné comme je l'aurais espéré. Mais certaines nouvelles « recettes » ont été juste magiques.

Depuis quelques années, je commençais à partager tout cela en donnant des formations, des conférences. Mais me poser et écrire un livre, c'était un autre cap à franchir.

Puis il y a eu 2020. Pour moi, la crise a commencé avant le premier confinement. Très précisément trois semaines avant. Alors que j'ai toujours adoré mon job, mes projets, mes missions, je me suis fracassée du jour au lendemain.

Le 21 février 2020, j'ai été mise en arrêt de travail. Pour 6 mois. Rien à voir avec ce foutu virus. Un choc brusque et violent. Du jamais vu.

Me voilà face à moi-même à la maison. Confinée avant tout le monde, avant même que l'on prenne conscience en France de la gravité du virus.

Alors que jusque-là, mon boulot c'était plutôt 15 heures par jour, des déplacements toutes les semaines, une vie remplie de rencontres et de découvertes palpitantes, de projets passionnants, souvent loin de chez moi, toujours à cent à l'heure.

Une première semaine donc, je suis en arrêt, seule, chez moi. Je n'ai pas la sérénité pour respirer, apprécier le calme.

Je suis sonnée, sidérée. Je ne comprends pas ce qui m'arrive. Je suis en crise. Et une peur existentielle m'envahit. Ma famille et moi, nous vivons avec mon salaire. Mon mari est «chef de famille à temps complet». Un vrai métier, si important, mais pas reconnu par la société, et donc non rémunéré. Si je m'effondre et ne me relève pas, c'est toute la famille qui chavire avec moi. Pas de filet de sécurité.

Ensuite, c'est les vacances scolaires, et puis le confinement pour tous. Me voilà face à ma famille tous les jours. Je les redécouvre et cela me fait du bien. Cela m'oblige aussi à ne pas trop me laisser aller. Mes filles m'ont vu trembler, pleurer, mais pas trop. Je ne veux pas les inquiéter, les déstabiliser. Elles savent ce qu'il s'est passé. Mais on ne veut pas qu'elles mesurent nos inquiétudes. Je dois et veux être forte, et mon mari avec moi. Lui, comme toujours, c'est un roc. Il est là et il me soutient. Mais il ne peut pas faire à ma place.

Je sais que je dois me relever. Je dois absolument retrouver un autre job, du même gabarit, ou mieux, mais ailleurs. Impossible de retourner là où j'étais. Mais comment trouver un nouveau poste, ailleurs, en plein confinement, et comment se projeter et convaincre alors que je suis effondrée et en proie à de terribles doutes ?

Ça va être compliqué, mais je n'ai pas le choix.

Dans ma vie, j'ai déjà eu une fois un grave accident de parcours. J'ai été femme battue pendant un an et je m'en suis relevée comme si de rien n'était. Si j'ai pu me sortir d'une telle situation il y a plus de 20 ans, je pouvais faire face cette fois-ci également.

Je pleure quand les enfants ne me voient pas, je ressasse, je ne dors pas la nuit. Mais pour le reste, je travaille dur. Tous les jours, à distance. Certes, je ne travaille plus pour mon employeur, je suis en arrêt. Mais je bosse sur mes nombreux projets, les formations que je donne, les conférences, de nouveaux projets que j'avais engagés avec des associations ou des entrepreneurs… et bien sûr, je prospecte pour changer de job.

Revient alors cette question de livre. Si je profitais de cette parenthèse imposée pour enfin écrire ? Et dans ma propre crise, si particulière, je lis sur les réseaux sociaux, dans les journaux, et j'entends dans mes échanges avec mes amis, mes réseaux, la crise des entrepreneurs, managers et dirigeants.

Leur façon de faire face. De connecter les choses à d'autres crises déjà vécues. Je comprends que presque tous soient déjà passés par des crises, parfois majeures. Celle-ci est une de plus. Je me demande si la résilience n'est pas une condition clé de réussite des leaders. Mais au fait, c'est quoi, la résilience, comment la qualifier, comment la développer ?

Et alors s'impose une évidence : j'ai la chance d'avoir un réseau très riche de personnalités passionnantes avec des parcours inspirants. Je compte parmi mes amis et contacts des fondateurs de start-ups en *early stage*, des cadres dirigeants de multinationales, des hauts fonctionnaires, des généraux de l'armée, mais aussi des patrons de TPE, des personnes en reconversion et même un prêtre qui a changé de vie et de vocation... Pourquoi partager seulement mon expérience et mes analyses propres, alors que je pourrais découvrir et partager celles des autres, m'inspirer de leurs récits, leur vécu ?

Je comprends que je ne veux surtout pas faire un énième manuel de théories qui n'engagent que moi. Je veux écrire un recueil de vécus et récits très divers, qui parlent tous de pratique, de concret, de terrain.

Je me lance. Je contacte quelques premiers amis pour tester l'idée. Et tous me disent que c'est intéressant, que je dois y aller, confirment être OK pour que je les interviewe.

J'affine mon plan. J'élabore une trame d'interview et c'est parti. Les entretiens durent tous entre une et deux heures. On est en plein confinement. Hors de question d'échanger en présentiel. Je ne veux pas de visio. Tous les entretiens se font par téléphone. Cela me permet de me concentrer sur le récit, de noter, pour mieux retranscrire. C'est passionnant. Et c'est intense. Après chaque entretien, je suis rincée. Puis il faut écrire, coucher sur papier ce que j'ai entendu sans trahir le récit de l'autre. C'est long et fastidieux. J'avais totalement sous-estimé la tâche en me lançant. Mais ça vaut la peine. Ça me remplit et me porte.

Entre-temps, d'autres projets aboutissent. Notamment celui du changement de job. Une très belle nouvelle aventure m'attend à l'autre bout de la France. Je suis ravie.

Pas de vacances et pas de repos donc. Il faut préparer le départ, le déménagement, l'installation.

Fin août 2020, on prend l'autoroute avec nos trois filles, les deux chats et le chien, direction Le Havre. Le camion de déménagement nous suit. L'écriture du livre est mise en pause pendant quelques mois. Le temps de s'installer au Havre et dans les nouvelles fonctions.

Quand ça repart, la magie est toujours là !

Voici le résultat, le livre est entre vos mains. Cela aura été pour moi une étape, un processus clé dans ma carrière, ma vie. C'est un bébé que j'ai rêvé et qui s'est imposé à sa façon, qui a pris un chemin qui lui est propre.

Mais ce n'est pas « mon » livre, même si j'en suis à l'initiative et la plume.

Les vrais héros de ce livre sont des personnalités brillantes et extraordinaires, aux parcours remarquables, qui ont bien voulu livrer leurs expériences, leur vécu, et surtout ce qu'ils en ont appris. Pour partager avec vous et moi les clés de leur réussite, de leur engagement, de leur parcours !

Ils sont au nombre de 21. C'est tombé comme ça. Chiffre symbolique pour un livre du 21e siècle qui sort en 2021 ? Je veux le croire. La plupart de leurs récits se trouvent en version intégrale dans la deuxième partie de ce livre. Parmi ces grands témoins, trois n'ont pas souhaité que leur récit soit publié en tant que tel. Mais ils ont partagé avec moi leurs expériences, leurs convictions, leurs parcours et ont ainsi contribué, à leur manière, à construire, enrichir et nourrir mes propres réflexions qui constituent les chapitres de la première partie de ce recueil. Qu'ils en soient remerciés. Tous les témoignages forment des briques précieuses et indispensables pour ce livre.

Merci à eux tous de m'avoir intensément accompagnée et inspirée pendant cette année 2020-21, si particulière, et au-delà. **Merci** d'accompagner et d'inspirer désormais tous ceux qui me (nous !) lisent.

Partie I :

Résilience et leadership

ou *le grand renversement des modèles et des postures*

Avec l'experte Evelyne Chabrot, Coach-Associée de United Coaching, ancien DRH Groupe Accor

Forte de plus de 40 années d'expérience, Evelyne a occupé de hautes responsabilités : 20 ans dans les fonctions ressources humaines et 20 ans dans les fonctions opérationnelles au sein du Groupe ACCOR. En tant que directrice des ressources humaines de 1993 à 2016, Evelyne a participé activement à la croissance d'ACCOR, qui est passé de 45 000 employés à 180 000 pendant cette période. Passionnée par l'humain, Evelyne s'intéresse particulièrement aux ponts entre les attendus professionnels et les besoins personnels, ainsi que les enjeux de performances de l'entreprise, quel que soit le secteur. C'est à travers United Coaching qu'elle accompagne désormais des femmes et des hommes, des équipes et des organisations dans la réussite de leurs projets de changements collectifs et individuels.

Avec son expérience en accompagnement des leaders et managers, notamment par temps de fortes mutations, voire dans la crise, elle apporte son regard et son expertise singulière sur la résilience et le leadership en s'inspirant également des témoignages de ce recueil.

I. Le monde VUCA des leaders

« Il n'existe rien de constant si ce n'est le changement. »

Siddharta Gautama

Volatility, uncertainty, complexity, ambiguity, le nouveau paradigme

Bienvenue dans un monde nouveau, le monde VUCA ! Ou plutôt VICA, pour le dire en bon français : volatile, incertain, complexe et ambigu.

C'est un monde bien différent d'il y a encore 10 ou 15 ans. Jamais les transformations économiques et sociétales n'ont été aussi rapides, aussi profondes.

Le monde VUCA est celui qui a émergé avec la 4ᵉ révolution industrielle. Révolution industrielle, seulement ? Que nenni, elle est bien plus radicale, bien plus globale : propulsée par l'essor des nouvelles technologies, ce qui lui vaut justement le nom de « révolution 4.0 », elle traverse et chamboule tout : l'industrie et donc l'économie, mais aussi notre façon de vivre ensemble, de nous organiser, de consommer, de travailler.

Le terme VUCA nous vient de l'armée américaine, qui l'a employé dès les années 1990. Pour désigner, à la fin de la guerre froide, un monde dans lequel l'ennemi n'est plus facilement définissable. Ce terme, venu donc pour définir l'environnement des « nouvelles guerres », a depuis été repris par le monde de l'entreprise. C'est seulement depuis les années 2010 qu'il devient synonyme d'une réalité de plus en plus vécue, notamment par les dirigeants.

Souvent, ce nouveau monde fait peur. Il faut dire que nos formations initiales nous y ont plutôt mal préparés :

• Le **V** pour **volatilité** nous rappelle que plus rien n'est stable, que les modèles qui faisaient référence encore hier et aujourd'hui pourraient être dépassés du jour au lendemain. Pour les entreprises, la volatilité désigne surtout le changement rapide et profond des marchés.

• Le **I** pour **incertitude** signifie que l'on ne peut plus prévoir. Exit la planification, les stratégies figées, la prospective à 10, 20, voire 30 ans ! Les entreprises doivent accepter que les évolutions des marchés soient de plus en plus imprévisibles.

• Le **C** pour **complexité** nous indique que nous sortons de l'ère où la technicité était reine. Car la technicité permet de résoudre des problèmes compliqués. Elle n'apporte pas de réponses pour résoudre l'interdépendance et l'imbrication des projets, des organisations et des marchés. Les facteurs qui interagissent sont de plus en plus multiples et souvent inconnus.

• Le **A** pour **ambiguïté** désigne un monde où les évidences sont devenues rares, voire dangereuses, et où les tendances lourdes sont parfois moins fiables que les signaux faibles. Les informations et statistiques, pourtant disponibles en temps réel et en masse grâce à la data, ne sont pas interprétables de façon univoque.

L'apparition de la COVID est un exemple puissant du fait que le monde VUCA est bien réel et qu'il affecte tout :

- Cette crise sanitaire est apparue de façon abrupte et imprévisible. Du jour au lendemain, notre modèle, encore valable en 2019, était remis en question en 2020. **Volatilité** !

- Comparé aux pandémies précédentes, ce virus pourrait être vaincu dans un temps record, mais impossible de prévoir quelles en seraient les suites. **Incertitude** !

- Cette crise a mis en évidence les interdépendances sectorielles (santé publique, économie, vie sociale, travail…) et mondiales. **Complexité** !

- Et enfin, chacun mesure à quel point il est difficile de « lire » les indicateurs de la crise, entre taux de contamination, d'hospitalisation, de mortalité, sans parler des indicateurs économiques qui ne disent rien ou très peu sur le potentiel de redémarrage des différents secteurs… **Ambiguïté** !

Le monde VUCA serait donc plutôt inquiétant, déstabilisant ?

Absolument. Mais c'est aussi une ouverture fantastique vers de nouvelles opportunités.

Depuis que nous sommes rentrés dans ce monde VUCA, bien avant la crise COVID, des changements spectaculaires dans l'économie ont eu lieu. Des multinationales que l'on croyait invincibles ont chaviré en quelques années, comme Kodak ou Nokia. Dans le même temps, des empires mondiaux ont pu se construire en un temps record et partant quasiment de rien. Fondés par des jeunes sans sou et pas forcément bardés de diplômes, ni même bien nés…

La donne a changé, les «vieux» paradigmes tombent. Et si c'était plutôt une chance ?

Naviguer dans ce nouveau monde

Le monde VUCA est donc déjà en train de devenir la réalité des dirigeants et leaders d'aujourd'hui. Ce n'est ni une mode ni une option. C'est le monde que nous devons accepter en tant que tel, et dans lequel nous devons apprendre à avancer.

Pour mener la barque, diriger dans ce monde nouveau, tentons d'abord d'en comprendre les défis et les effets pour le monde de l'entreprise, de façon concrète.

Volatilité

Les changements profonds et rapides du contexte et des marchés sont surtout faits de nouvelles technologies qui portent des changements culturels et de modèles. De nouveaux acteurs émergent. Avec parfois des offres qui embarquent dans des spirales «d'auto-substitution», raccourcissant drastiquement les cycles de vie des produits.

Les produits et services que permettent les nouvelles technologies ont un effet accélérateur des besoins et attentes des clients. Ainsi, depuis l'avènement du smartphone en 2007, on voit se construire une société et des usages de plus en plus digitaux. Et la culture client digitale exige une disponibilité et une facilité permanentes de l'information et des fonctions.

Le secteur des **télécommunications** a été particulièrement affecté par les phénomènes de volatilité. Vous souvenez-vous de ces vieux appareils téléphoniques à cadran rotatif ? Alors, rappelez-vous qu'un tel appareil pouvait servir un ménage pendant des décennies !

Alors que le cycle de vie des smartphones modernes peut parfois ne pas dépasser quelques mois... et ce sans même qu'il y ait eu une disruption technologique, comme le développement de nouvelles piles ou actuellement la 5G. Une simple amélioration ergonomique peut suffire pour challenger tout un secteur.

La Volatilité selon l'experte, Evelyne Chabrot :

En période de crise et de volatilité, l'entreprise a besoin d'une vision pour permettre à chacun d'avoir des repères.

Elle devra être claire, accessible et partagée. La communication jouera un rôle prépondérant. D'où l'importance pour le leader d'être honnête et ferme et qu'au travers de son style de management, les collaborateurs se sentent entendus et compris. Il est aujourd'hui inévitable de traverser des périodes de crise au sein de l'organisation. Les équipes rechercheront alors de la sécurité et c'est normal, et le leader devra garder son cap.

Incertitude

Face à la volatilité de marchés tels que celui des télécommunications avec leurs cycles de vie de produits extrêmement raccourcis, les analyses de marché classiques perdent drastiquement en fiabilité. Les décideurs n'ont plus ces outils d'aide à la décision très quantitative, se basant sur des « chiffres durs ». Une telle incertitude augmente le sentiment d'insécurité et le stress.

La pression qui s'exerce sur le management est immense. Des questions existentielles ne trouvent plus aisément des réponses, telles que la durabilité du modèle d'affaires, la pertinence d'une nouvelle technologie et donc souvent d'un investissement lourd, ou encore la pertinence d'une nouvelle stratégie de marketing ou de développement des compétences au sens GPEC.

Chacun rêve de « son » innovation disruptive qui fera la différence. Pour autant, les disruptions sont surtout synonymes de gros risques. Il n'est pas rare qu'elles cannibalisent l'offre de valeur initiale de l'entreprise. C'était le cas de la photo numérique pour Kodak, qui avait fait la lourde erreur de ne pas la développer. Le plus souvent, les bonnes disruptions sont sous-estimées par les puissants, y compris par ceux qui les ont permises. On ne les reconnaît que quand il est trop tard. Auquel cas, il ne reste plus qu'à courir derrière en développant les offres « *MeToo* ».

Le secteur **automobile** nous en donne l'exemple avec la Tesla. Pendant longtemps, les grandes marques historiques de l'automobile l'ont ignorée, alors qu'aujourd'hui, elles tentent de rattraper leur retard. Presque toutes ont désormais compris qu'il ne fallait plus penser « automobile », mais « expérience de mobilité ». C'est ni plus ni moins un inversement des paradigmes de stratégie !

L'Incertitude selon l'experte, Evelyne Chabrot :

Face à l'incertitude, il faut prendre le temps d'analyser, d'écouter et de regarder pour mieux comprendre la situation. Il ne faut pas hésiter à mettre l'ensemble de l'organisation à contribution. Attention, il faut toujours garder un chef d'orchestre.

L'esprit d'équipe, l'honnêteté et la confiance sont trois valeurs refuges dans l'incertitude.

L'esprit d'équipe peut être encouragé en discutant avec ses collaborateurs de l'incertitude et en trouvant des options et des solutions aux problèmes potentiels avant même qu'ils n'apparaissent.

L'honnêteté est extrêmement importante pendant les phases d'incertitude : dans l'éventualité de départ, de réorganisation, il est important de communiquer de manière claire et transparente. Il faut aussi penser à ceux qui restent et sur qui nous comptons investir.

Conjuguer l'esprit du collectif et l'honnêteté permet d'instaurer un climat de **confiance** et un environnement dans lequel cette incertitude peut être abordée collectivement.

Complexité

Que l'on parle de mutations technologiques, de marchés, de secteurs, de modèles, de changements culturels et sociétaux, tout est de plus en plus imbriqué, interdépendant dans un système où chaque facteur peut agir sur le global comme dans la granularité extrême. Les causes à effets des nouvelles tendances sont quasiment impossibles à identifier, et les décideurs ne peuvent plus influer sur le « système ».

Beaucoup d'entreprises tentent de répondre à la complexité par encore plus de complexité.

Elles misent sur des compétences ultraspécialisées, des processus et des organisations de plus en plus sophistiqués... ce qui les amène à avoir besoin de toujours plus de managers pour suivre tout cela de très près.

Compte tenu du contexte incertain et imprévisible, ces managers pensent ne pas pouvoir se « risquer » à innover. Cela les obligerait à aller au-delà des processus, voire à expérimenter, et peut-être risquer leur carrière. Ils sont alors tentés de rigidifier les processus et de ne s'en tenir qu'aux activités maîtrisées.

Plus une organisation se complexifie pour répondre à un contexte complexe, plus elle se prive de potentiel d'innovation, compromettant ainsi ses chances de développement à long terme.

La Complexité selon l'experte, Evelyne Chabrot :

Quand nous entendons complexité, je vous propose de penser simplicité dans le monde VICA, le chaos est rapidement là, et pour réagir, les managers doivent simplifier les processus, alléger les contrôles au profit de la prise de décision. C'est ainsi que l'on pourra réagir au plus vite sur l'ensemble des domaines.

Face à des situations complexes, le manager devrait se concentrer à rendre les situations plus simples. Dans vos équipes, vous avez différents types de personnes, misez sur les plus flexibles et les plus entreprenants afin d'ouvrir la voie à l'action et à l'innovation !

Ambiguïté

Dans le monde actuel, une information, un constat ne peuvent souvent plus être interprétés de façon univoque. La multiplicité des interprétations possibles entraîne une prise de risque inévitable pour tout décideur.

Les études et analyses, qui garantissaient encore hier une prise de décision éclairée, s'avèrent de plus en plus inadaptées et dépassées.

Ainsi, prendre une décision demande davantage de courage. Mais prendre des risques signifie également être capable de gérer l'échec.

L'Ambiguïté selon l'experte, Evelyne Chabrot :

Face à l'ambiguïté, on pourrait réagir par l'agilité. L'agilité naît de l'intelligence collective et ne peut pas se décréter. L'agilité s'installe dans un cadre clair de confiance réciproque.

Travailler sur l'innovation managériale dans l'entreprise pour donner envie et le pouvoir d'agir ? Cela consiste à créer pour chaque salarié une zone de délégation pour prendre des initiatives et coopérer. Le leader devient alors manager-coach pour accompagner ses équipes.

Une communication et une transparence sont absolument fondamentales afin de clarifier tous les malentendus et de favoriser les échanges dans cette période de chaos.

Toute crise peut être transformée en opportunité. C'est presque toujours grâce aux crises que l'on voit apparaître de nouveaux horizons !

Trois facteurs clés pour réussir dans un monde VUCA

1 - Changez de perspective !

Le monde VUCA n'est donc plus « maîtrisable », voilà pourquoi il pose problème. Les leaders d'hier, formés et entraînés à tout connaître et tout contrôler, et ceux qui n'aiment pas les risques, y sont les plus perdus.

Beaucoup réagissent encore par tenter de « regagner le contrôle ». On voit alors parfois des pratiques de micro-management ressurgir et même se multiplier. Si ce management « par le détail » peut rassurer le manager, mais aussi le collaborateur, il crée surtout une surcharge de travail pour chacun, il consomme énormément de ressources et d'outils, il privilégie le processus et la gestion au détriment du résultat. Il interdit de facto toute créativité. Pire, il épuise.

Une autre tentation est celle de la procrastination. En effet, compte tenu de l'imprévisibilité du contexte, on est vite tenté de rassembler davantage d'études, d'informations, d'analyses, et on attend de meilleurs jours pour y voir plus clair. Bref, pour éviter le risque, on risque de décider trop tard…

Mais de nouvelles approches existent, qui peuvent aider les leaders qui ne veulent pas uniquement naviguer à vue. En première ligne, les méthodes agiles :

Elles permettent d'engager les équipes directement dans le concret, autour d'objectifs réalistes, à très court terme, et pas-à-pas.

Chaque objectif est un jalon qui permet de questionner, de tester, d'ajuster. Dans cette perspective *test & learn*, l'échec fait partie du jeu. Il intervient suffisamment tôt pour ne pas avoir d'impact sévère sur le projet. Souvent, cet échec précoce contribue à la réussite par les apprentissages qu'il permet. Dans cette perspective, l'échec n'est donc plus un « risque », mais une « issue possible » qui fournit, tout comme la « réussite », une information fiable et utile.

Exit la planification, la stratégie, les process, place au concret et aux petits pas !

Le mot de l'experte, Evelyne Chabrot
*Inspirée par le témoignage de **Sandrine Yana***

⇨ **Se remettre en question**

C'est admettre s'être trompé. C'est accepter de revenir en arrière, de revoir son point de vue, de remettre en question sa décision pour en prendre une autre, en toute humilité.

Se remettre en question n'est pas facile, cela demande du courage et d'accepter un travail à faire sur soi. Souvent, notre ego nous fait défaut et nous demande de nous battre vis-à-vis de ce qu'il se passe pour nous, sauf que c'est le meilleur moyen de rester sur son quant-à-soi.

Nous pouvons perdre nos repères, avoir des doutes et des périodes d'angoisse, mais rien ne vaut mieux qu'une introspection, poser les choses et faire le tri de ce qui nous appartient ou pas.

Cela demande de la force, de l'honnêteté et une prise de recul.

Quand nous sommes dans la difficulté, nous voyons rarement la lumière au fond du tunnel, et pourtant, elle est bien là pour nous dire qu'il y a beaucoup de possibilités à condition que nous acceptions ce regard-là.

Dans tous les cas, ce cheminement sera porteur de progrès, d'amélioration vis-à-vis de vous-même. Au lieu de perdre toute votre énergie à montrer au monde que vous avez raison, vous pouvez, en vous remettant en cause, et avec une énergie moindre, apprendre de vos erreurs.

2 - L'empathie comme boussole

L'empathie, c'est la capacité à comprendre l'autre, à savoir se mettre à sa place. Plus il y a de distance, physique ou organisationnelle, plus il y a de barrières et de processus entre deux personnes, moins il y aura possibilité d'empathie.

Or, parmi toutes les parties prenantes d'une entreprise, quelles sont celles qui sont souvent les plus éloignées ? Généralement les décideurs et les clients.

Cela ne posait pas de problème dans le passé, quand il suffisait de produire des services et des produits connus pour des marchés connus. Point besoin d'empathie pour le client pour savoir s'il allait acheter. Il suffisait d'analyser ses comportements de consommation, et hop, on pouvait prédire. Mais lorsqu'il s'agit d'innover, d'être pionnier, il ne suffit plus d'analyser le passé pour prévoir le futur, il faut comprendre le présent. Comprendre ce qui motive le client, ce qui l'irrite, quand et pourquoi il se sent bien, ce qui lui fait peur. Voilà pourquoi les techniques de marketing de l'innovation vont jusqu'à créer des « cartes d'empathie » de leurs cibles.

Cela implique que les décideurs doivent davantage se rapprocher du client et donc des collaborateurs qui sont sur le terrain et qui interagissent en première ligne avec le client.

Le mot de l'experte, Evelyne Chabrot
*Inspirée par le témoignage d'**Inès GRAVEY***

Partir de la réalité du terrain, partir de la réalité du consommateur, du client, du patient... pour connaître les vrais besoins.

Quand la parole venue du haut (grandes entreprises ou administrations publiques) est devenue «intolérable et incompréhensible pour les gens», j'ai envie d'inviter à reconsidérer des pratiques fondamentales, ancestrales.

Pourquoi ne pas installer des cercles de parole...

C'est une cérémonie qui nous vient des Amérindiens, consistant à donner la parole à chacun au moyen d'un bâton de parole.

Symbole d'harmonie et de partage, la personne qui tient le bâton de parole a le droit de parler ; ensuite, celui qui a parlé le passe à son voisin ou à celui qui le désire. Il y a toujours un maître de cérémonie, qui tempère.

Ce bâton de parole doit correspondre à l'envie bienveillante d'être compris et entendu, puis d'accepter et aussi d'entendre le discours de l'autre avec respect.

C'est une bonne façon d'inclure l'autre, d'écouter l'autre, d'intégrer l'autre.

Cette pratique pourrait être retranscrite dans des forums publics, comme elle l'est déjà dans certaines pratiques managériales par des leaders qui «osent».

Elle exige cependant un accueil de l'autre dans sa globalité. Est-ce possible ? Je le crois ; le point à travailler en amont, c'est la posture.

Pour créer une expérience client compétitive, deux leviers – à activer dans l'ordre – s'avèrent particulièrement efficaces : l'investigation et l'expérimentation.

D'abord, les investigations qualitatives de la vie et des besoins du client. Elles donnent des clés de compréhension profonde et ouvrent des perspectives en termes de nouveaux produits et services à créer.

Ensuite, l'expérimentation et le prototypage qui permettent de capitaliser très tôt sur les retours clients et de construire des offres véritablement solides en termes de « product-market-fit » : l'adéquation entre l'offre et le besoin.

Il se trouve que ces deux démarches exigent la descente des décideurs sur le terrain et la réduction drastique des distances entre terrain et hiérarchie.

Le management, la cohésion d'équipe et l'engagement des collaborateurs s'en trouvent alors positivement chamboulés !

Le regard de l'experte, Evelyne Chabrot
*Inspirée du témoignage de **Catherine Jacquet***

Le management générationnel

Êtes-vous aussi ouvert aux générations que vous le pensez ?

Cela va sans dire : notre génération – et nous-mêmes à l'intérieur – est toujours plus ouverte sur les autres générations que les autres ne le sont sur la nôtre !

Chacun d'entre nous est a priori persuadé qu'il fait suffisamment d'efforts pour se mettre au diapason de ses aînés ou de ses cadets, avec l'idée d'ailleurs bien ancrée qu'il n'y a pas autant de différences que ça entre nos façons de voir. Un peu de dialogue et de bonne volonté suffisent à aplanir les difficultés et à trouver un terrain d'entente quand les conflits ou les malentendus apparaissent, non ?

Eh bien, ce n'est peut-être pas si évident que ça ! Réfléchissez : n'y a-t-il pas des situations où vous avez vraiment l'impression que l'autre est à des années-lumière de vous, presque sur une autre planète ? Vous parlez la même langue, lisez les mêmes articles, utilisez les mêmes voitures... et pourtant !

Comment se fait-il que l'autre ne vous comprenne pas ou qu'il s'obstine à ne pas « saisir » ce que vous lui dites si clairement ?

Gérer les plus anciens et les plus jeunes pour qu'ils travaillent ensemble dans une relative harmonie n'est pas évident.

Comment construire une synergie entre les générations ?

– En évitant tout « favoritisme » pour une génération

– En mélangeant les générations

– En formalisant davantage les règles de vie collective

– En faisant sauter les préjugés

– En valorisant l'individu avant sa génération

– En faisant appliquer la valeur respect comme « Méga-Valeur »

– En faisant un travail d'équipe pour sensibiliser et mobiliser l'ensemble des acteurs.

Ce qui répondra aux diverses frustrations :

– des quinquagénaires, de se sentir trop vieux

– des plus jeunes, de ressentir l'insuffisance de l'intégration

– des aînés, de vivre le rejet parce que l'entreprise se focalise sur le jeunisme.

L'évolution sociétale va-t-elle nous permettre de rebattre les cartes sur ces sujets ? En tout cas, la crise nous y pousse.

3 - Construire des collectifs agiles

Pour travailler autour de la compréhension du client et par expérimentation et prototypage, autant le faire en ajustant, chemin faisant, son organisation.

Une équipe agile est avant tout une équipe qui n'est pas guidée par des procédures et des règlements, ni par des comités de reporting. Elle travaille pour un objectif clair et concret, à atteindre collectivement et rapidement.

Un objectif parfaitement atteignable et un seul objectif à la fois. C'est une équipe aussi qui sait, en fonction de l'atteinte ou non de l'objectif, se fixer le prochain. C'est donc une équipe qui travaille par étapes et qui accepte de ne pas connaître l'étape d'après, celle-ci dépendant de ce que va lui apprendre l'étape en cours.

Pour cette équipe, le leader n'est pas un contrôleur. Ni même forcément un impulseur. C'est plus souvent le client et l'usager qui donnent l'orientation, l'idée. Le leader dit stop ou go. L'équipe peut trouver seule le meilleur chemin pour y aller.

Pour ce faire, l'équipe aura besoin de pouvoir se débrouiller sur des terrains très variés. Plus ses compétences sont plurielles, plus elle est pluridisciplinaire, mieux elle se portera. Elle devra aussi pouvoir dépasser des moments de crise, d'objectifs non atteints, de brouillard. Mieux vaut alors qu'elle soit soudée, que chacun s'apprécie, se connaisse, se comprenne. Elle doit cultiver l'empathie en son sein !

Elle doit enfin être capable de prendre les décisions – et donc les risques – inhérentes à son projet, en restant bien sûr dans ce cadre circonscrit. Elle agit donc autour de son projet comme un véritable collectif d'entrepreneurs associés.

Vous l'aurez compris, idéalement, cette équipe s'est auto-trouvée et peut travailler en très grande autonomie.

Ce fonctionnement, très répandu et naturel pour les start-ups, car adapté aux projets innovants et performants, est une révolution pour la plupart des entreprises établies.

Cela ne peut se faire du jour au lendemain. Commencez par un ou deux premiers projets avec leurs premières petites équipes dédiées. Au fur et à mesure que cette organisation convaincra par la preuve et dans le concret, cette nouvelle façon de travailler pourra vite devenir virale et se répandre.

La meilleure façon pour s'engager dans l'aventure est de formaliser et de déployer des programmes d'intrapreneuriat. Cela permet d'identifier les bons projets, les bonnes équipes, et de les accompagner. Cela permet en même temps de communiquer et de diffuser cette approche même au-delà des équipes qui la pratiquent.

Cela garantit aussi aux équipes « pionnières » d'être formées (car la méthodologie s'apprend !) et d'être boostées par la hiérarchie qui agira en tant que sponsor.

De nombreuses études existent pour attester de la performance des approches agiles. Elles s'accordent toutes à confirmer que les projets montés en mode agile sont significativement plus performants que les autres. Les taux de « surperformance » qu'on leur prête vont de +15 à +60 %.

Pourquoi ? Je me permets de le résumer ainsi :

• Le mode agile **réduit les risques de l'échec**. Autrement dit, en recherchant le risque de l'échec de façon très précoce, l'échec intervient lorsque le projet est encore à petite échelle, et devient donc juste un levier d'apprentissage.

• Le mode agile **augmente la rapidité et la réactivité du collectif**. L'autonomie de l'équipe évite des allers-retours inutiles pour recourir à la décision du chef ; de plus, l'équipe travaille avec plus d'engagement. La fixation d'un objectif à la fois réduit aussi la dispersion et augmente la concentration.

• Travailler en mode agile **produit de meilleures offres**. Les équipes agiles travaillent en proximité immédiate avec le client et l'usager final. Elles développent l'empathie client et de ce fait lui proposent des produits et services ultra-adaptés.

- Le mode agile **booste les compétences et l'intelligence collectives**. Les équipes travaillent sur la base d'un co-apprentissage permanent, elles recueillent et capitalisent de la connaissance sur leurs clients, mais aussi sur elles-mêmes et leurs meilleures pratiques. Elles évoluent et s'adaptent ainsi en permanence aux nouveaux défis qui se posent à elles.

En synthèse

Le regard de l'experte, Evelyne Chabrot
*Inspirée par le témoignage de **France Burgy***

⇨ **Le leader de demain**

Le manager, leader, dirigeant de demain sera particulièrement challengé pour mobiliser 5 qualités clés : bienveillance, remise en question, confiance, adaptabilité et écoute.

Bienveillance

À l'opposé du manager directif et contrôleur qui était la règle dans le passé, il s'agira d'être une force d'inspiration et d'impulsion pour ses collaborateurs. Rechercher le bien-être et l'épanouissement des collaborateurs au travail, voilà un challenge de taille !

Remise en question

Pour dépasser ses croyances et ses méthodes de travail, le manager de demain devra mettre son égo de côté et oser sortir de sa zone de confort. Il apprendra de ses échecs tout en restant ouvert d'esprit.

Confiance

La confiance est un postulat de base, avoir des rapports entre deux personnes de façon authentique passe par la confiance. Les collaborateurs sont demandeurs de confiance, et la plupart du temps, ils vous la rendent, à condition que vous soyez sur des rapports francs, vrais et justes.

Adaptabilité

L'art d'être flexible, c'est garder l'esprit ouvert et en faire bon usage : savoir s'ajuster, changer de méthodes quand la situation le nécessite. Gardez toujours à l'esprit le but à atteindre et faites-vous confiance pour trouver le meilleur chemin pour y arriver.

Écoute

En pratiquant l'écoute active, on écoute ses collaborateurs avec attention, jusqu'au bout.

Écouter vraiment n'est pas facile, cela nécessite d'avoir du recul sur soi, de se mobiliser pour bien comprendre son interlocuteur, pour qu'il puisse y avoir une vraie connexion. L'écoute exige également de veiller à rester accessible à l'autre.

Le monde VUCA demande aux leaders de se redéfinir : ils doivent se recentrer sur un rôle d'ensemblier, d'architecte de systèmes agiles et de décideur stratège.

Leurs décisions ne sont pas attendues sur les modes opératoires, mais sur la grande vision, la clarification du cadre. De la clarté de ce cadre dépendra la capacité des équipes à travailler de façon autonome et responsable et ainsi engagées et pleinement focalisées sur leurs clients.

> « Être un bon chef, c'est prendre le moins de décisions possible, mais de prendre des décisions importantes et de les assumer pleinement. »
>
> Édouard Philippe

II. Résilience – une histoire de mindset ?

> « Les espèces qui survivent ne sont pas les plus fortes ni les plus intelligentes, mais celles qui s'adaptent le mieux aux changements. »
>
> Charles Darwin

Désolée de ce titre de chapitre sous forme de question parfaitement théorique. Allons tout de suite à la réponse. Oui, la résilience, c'est une histoire de mindset, et le bon mindset mène plus facilement vers les bons réflexes et les bonnes méthodes.

Comme éléments clés de la résilience, les leaders interviewés m'ont tous parlé d'ouverture, de soif d'apprendre, du **goût pour les autres**, de la **prise de risque**, de la **confiance**, de **l'humain** et du **sens** !

Autant de facteurs qui ne s'ancrent pas dans des savoirs et ne s'appuient pas sur des méthodologies ou des expertises. Ce sont des ressorts personnels, qui ne s'apprennent pas sur les bancs de l'école. Mais ils se cultivent.

Le regard de l'experte, Evelyne Chabrot
Inspirée par le témoignage
d'Olivier Kudlikowski

⇨ **Naviguer dans l'incertain et accompagner les transformations**
Être pionnier peut être une expérience enivrante. À condition de considérer chaque étape de

sa vie comme un apprentissage et d'en tirer une source de motivation.

Il faut être doté d'une grande curiosité et soif d'apprendre pour rester ouvert à de nouvelles connaissances et compétences.

C'est ainsi que les apprentissages renforcent la confiance en soi et rendent plus résilients.

L'appétence à la découverte, aux nouvelles cultures, le côté voyageur dans l'âme permettent de mieux s'adapter au changement, de ne pas en avoir peur et surtout d'ingérer l'inconnu !

Savoir transformer chaque étape en opportunité d'apprendre, voilà comment on fait de sa vie une belle école, l'école de la vie !

Après s'être façonné au fil des ans par l'apprentissage, on peut travailler sur les émotions, sur son environnement et sur son aptitude à mieux comprendre les organisations et les situations.

Cela permet aussi de se forger un vrai sens de la remise en cause qui offre de privilégier la transparence dans son management.

Faire confiance

Approfondissons la question de la confiance. Les articles, blogs et livres de management l'évoquent si souvent. En tant que leader, si vous ne savez pas faire confiance, vous n'irez pas très loin. C'est a priori un postulat très *bisounours*, mais le pire, c'est que c'est vrai !

Le regard de l'experte, Evelyne Chabrot
Inspirée par le témoignage de
Laurent Des Places

La confiance n'existe pas a priori ni de manière permanente. Elle se gagne avec beaucoup d'efforts, s'entretient chaque jour et peut se perdre très vite.

Pour vivre durablement, la confiance a besoin de bases solides auprès de l'ensemble des collaborateurs de l'entreprise et s'ancre dans la durée.

Il y a beaucoup de sociétés qui mettent la confiance dans leurs valeurs managériales.

En proposant la confiance à l'ensemble des collaborateurs, le management s'oblige à être exemplaire, à parler vrai, c'est-à-dire à dire la vérité et avoir une maturité de management.

Cette maturité managériale, c'est la compréhension des autres, des relations au travail et la connaissance de soi en tant que leader.

Cela sous-tend que le management s'investisse à affronter les problèmes interpersonnels. Qu'il cherche à comprendre les motivations des salariés, leurs inquiétudes, et être lucide sur l'ambiance de travail, la réalité du contexte de la société.

L'entraide serait un bon soutien à la confiance pour amener les collaborateurs à coopérer, à travailler dans une dynamique positive.

Cette ouverture et cette sincérité apporteront l'implication de chacun à condition de ne pas faire de concession et de passe-droit.

C'est le choix de l'exigence, de l'écoute et de la transparence pour toutes les parties. Cette transparence permettra à l'ensemble des collaborateurs de comprendre les enjeux de la société et de s'investir en se sentant reconnu en tant qu'individu.

Ainsi, la confiance émergera grâce à la maturité des personnes, à leur honnêteté, leur coopération et à l'humanité qui s'en dégagera. La confiance accordée renforce la confiance en soi, cela permet d'oser et de prendre des risques afin de s'épanouir dans son travail.

Les équipes les plus performantes sous stress sont les équipes ouvertes et qui acquièrent de l'autonomie grâce à la confiance qu'on leur accorde.

La **confiance se construit**, se cultive : OK, on le sait tous, mais comment fait-on ? Il n'y a pas de miracle, il faut des échanges nourris et réguliers avec les équipes pour instaurer la confiance.

> « Le chef est un absorbeur d'inquiétude et un diffuseur de confiance. »
>
> Pierre de Villiers

Pour faire confiance, il faut **se connaître** et **connaître l'autre**. Car pour déléguer, responsabiliser, rendre autonome, on ne peut pas construire un tableau avec des critères et cases à cocher qui permettraient de délimiter les champs des libertés du collaborateur.

Celui-ci doit donc être capable de savoir, voire de décider quand il peut décider seul !

Impossible s'il ne connaît pas bien son manager. La connaissance doit ainsi être réciproque et ne pas porter uniquement sur des éléments strictement professionnels. Il importe de connaître également la personnalité de l'autre, ses facteurs de motivation et de satisfaction, mais aussi ses enjeux, ses risques.

Plus le manager se confie aussi dans ses dimensions personnelles (sans envahir le collaborateur... tout un art !), plus le collaborateur pourra lui-même se sentir en confiance et poser le cadre de ses libertés avec justesse.

En voilà de belles raisons pour **multiplier les moments conviviaux**, les pauses café, les déjeuners pris ensemble, les apéros *afterwork,* où l'on parle de ses voyages, de ses passions, de ses coups de blues aussi... tout en boostant la performance collective.

Et même si le télétravail nous empêche de partager le même café, les moments de convivialité et **d'échanges informels virtuels** ne sont pas seulement possibles, mais fortement recommandés. Il serait d'ailleurs presque malsain de ne pas commenter le chat qui passe, l'enfant qui fait irruption, ou encore le conjoint qui rentre en découvrant trop tard que sa chambre à coucher s'est transformée en Comex...

Vous me direz que vous n'avez pas assez le temps pour ces moments d'échanges informels avec vos collaborateurs ? Demandons-nous alors si nous n'avons pas tous gardé un peu trop les réflexes du micro-management, ce management qui oblige à être dans les dossiers de nos équipes au lieu d'être AVEC nos équipes ; ces mauvaises habitudes qui nous font bouffer du dossier et qui bouffent l'air de nos équipes.

Le regard de l'experte, Evelyne Chabrot
*Inspirée par le témoignage de **Romain Barat***

⇨ Libérer la parole

L'aide à la compréhension de l'humain passe par la libération de la parole. Et quand il y a des enjeux de vie et de mort, comme dans les métiers à risques, c'est d'autant plus crucial.

Les leaders des grandes entreprises gagneraient à s'inspirer des approches qu'utilisent les chefs militaires sur le terrain pour mieux comprendre les collaborateurs et mieux les accompagner, mieux les manager.

Malheureusement, la « langue de bois » est encore trop répandue dans nos organisations. Les choses commencent à évoluer, notamment grâce aux réseaux sociaux. Pourtant, certains responsables ne croient pas à la liberté de parole pour les collaborateurs.

En 2021, nous n'avons plus le choix, le management de la bienveillance, l'intelligence collective et le respect des équipes, tout nous pousse à libérer la parole de façon constructive.

Une étude du cabinet VitalSmarts précise les raisons pour lesquelles les collaborateurs des grandes entreprises n'osent pas s'exprimer devant leur hiérarchie : 47 % pensent que prendre la parole offenserait leur manager, 41 % estiment qu'en s'exprimant, ils s'exposent à des représailles, 41 % ne savent pas comment en parler, 39 % pensent que prendre la parole nuirait à leur carrière et 38 % des personnes interrogées estiment que la culture d'entreprise ne soutient pas les personnes qui s'expriment.

Alors même que les experts du management et des ressources humaines s'accordent sur les indéniables vertus d'une parole libérée.

Voilà ce qu'elle apporte :

Les salariés se sentent pris en compte individuellement et collectivement. Ils apprécient la reconnai-ssance et la valorisation de leur hiérarchie. Il est possible aussi d'aborder les préoccupations du quotidien dans un échange sans tabou, dans une communication franche et sincère entre managers et collaborateurs.

Souvent, les équipes ont d'excellentes idées, car elles sont au contact des clients et regorgent de solutions.

Cependant, libérer la parole ne se décrète pas. Il faut le faire de façon structurée, les collaborateurs ne sont pas toujours prêts.

La parole libérée, cela s'expérimente et s'apprend collectivement.

Prendre des risques

Le micro-management est un réflexe ancien, quoique trompeur, pour éviter les risques. Vouloir tout contrôler et savoir, pour tout maîtriser. Non seulement c'est une course perdue d'avance, mais elle est surtout source de stress et d'épuisement pour tous, qui étouffe toute initiative et tue la performance. Le micro-management est incompatible avec la confiance et la responsabilisation. Mais sortir de ce management du contrôle, c'est **prendre des risques.**

Et nos organisations et même nos formations initiales nous ont rarement montré comment gérer le risque. Plus nos organisations sont grandes, plus elles ont du mal avec la culture du risque. **Or, sans risque, pas d'innovation, pas de nouveaux horizons.**

André Gide déjà nous disait : « *On ne peut découvrir de nouvelles terres sans consentir à perdre la rive de vue pendant longtemps.* »

Les entrepreneurs de la nouvelle économie, les start-uppers le savent parfaitement bien. Leurs innovations s'adressent à des marchés dont les contours sont encore incertains, flous, qui ne peuvent être maîtrisés à coups d'études de marché classiques et dont les risques n'ont d'égal que leurs potentiels. L'un des leaders interviewés nous cite à cet égard Reid Hoffman : « *Un entrepreneur est quelqu'un qui saute d'une falaise et qui construit un avion dans sa chute.* »

La capacité à prendre des risques est donc une compétence clé du leader dans un monde incertain. Pour autant, s'il est inutile, voire contre-productif, de les éviter ou les supprimer, il est permis de les minimiser. Les approches agiles et le ***test & learn*** nous y invitent, qui permettent d'avancer à petits pas et sur le terrain. Elles impliquent de laisser une large capacité d'agir aux équipes, et notamment à celles qui sont sur le terrain. À elles de tester, d'apprendre, dans des espaces sécurisés où même l'échec peut être valorisé comme un apprentissage sur lequel chacun peut capitaliser.

Alors, prenons le temps de nous sortir du micro-management en multipliant les moments et les échanges sans dossiers, voire même sans ordre du jour. Mettons le nez hors du bureau et sautons sur toutes les occasions pour construire les liens, échanger librement avec nos équipes et sur le **terrain**, **expérimentons** avec elles et construisons avec elles les solutions de demain.

Accepter le risque, accepter qu'on ne sait pas, accepter le *test & learn*, accepter que les initiatives les plus porteuses, les meilleurs business peuvent surgir du terrain, là où on ne les attendait pas, pose un nouveau challenge aux leaders : celui de **ne plus planifier**.

En matière d'innovation et de résilience, on ne planifie pas, mais on aiguise ses capacités à entrevoir et à se saisir des opportunités avec grande réactivité ! Un énorme défi quand on a toujours appris de se poser en grand stratège planificateur, qui sait tout voir et prévoir à l'avance.

L'humain avant tout

Ne plus planifier et accepter l'imprévisibilité du monde impose plus que jamais d'investir primordialement dans la **capacité du collectif à être prêt.** Prêt à se saisir des opportunités, où qu'elles émergent. Le leader ne peut pas tout, et sa plus grande force sera de connaître et d'admettre ses faiblesses. Cette connaissance et acceptation lui permettront de s'entourer des personnes qui apporteront au collectif ce qui n'est pas son fort. Si vous êtes bon « vendeur » et mauvais « gestionnaire », dépêchez-vous de vous entourer d'un excellent gestionnaire et de lui accorder une place importante. Si vous êtes plus faiseur que parleur, cherchez celui qui portera la parole et qui saura aussi incarner la vôtre.

C'est l'addition des compétences individuelles, leur diversité et leur complémentarité qui donneront à votre **collectif** les atouts d'une équipe qui saura s'adapter aux contextes de plus en plus imprévisibles, de plus en plus changeants. Votre rôle de leader sera alors de créer, cultiver et développer les liens entre ces expériences et compétences différentes, entre ces personnalités, afin qu'elles fassent **équipe**. Aucune stratégie ni planification ne vous y aidera. Seuls compteront vos **capacités humaines**, vos talents de **connecteur**, de **créateur de liens.**

Comme les liens familiaux qui nous rendent plus heureux et plus résilients, les liens d'une équipe se forgent au travers d'expériences riches, de moments « qualitatifs » et intenses vécus ensemble. Passer du temps sur des échanges nourris, même en dehors des projets de tous les jours, partager des rituels, y compris très réguliers, voire quotidiens, découvrir de nouveaux horizons ensemble (formations, séminaires...), voilà les outils – encore trop souvent sous-estimés ! – du leader fédérateur, **cultivateur de liens** et donc de résilience de son équipe.

Le mot de l'experte, Evelyne Chabrot
*Inspirée par le témoignage de **Florence Hermelin***

⇨ **Manager son manager, coacher son entreprise**

En 1994, j'ai goûté au coaching en suivant une formation de coach chez Vincent LENHARDT. L'objectif ? Mieux manager mes deux présidents de l'époque.

Être un coach interne, c'est être un coach professionnel avec la spécificité d'appartenir à l'organisation dans laquelle on exerce le coaching.

C'est tout à fait compatible avec les coachs externes, voire complémentaire.

En quoi est-ce utile ?

Une politique de coaching interne permet de positionner la vision managériale de l'entreprise. Elle démontre la culture de développement des individus et donne les moyens aux collaborateurs d'atteindre les objectifs fixés, à moindre coût.

Le coach peut être un témoin des signaux faibles de l'organisation, à condition qu'il soit discret. Cela ne met pas en opposition le coaching interne et externe, bien au contraire, il peut y avoir des actions conjointes. Et cela installe et professionnalise une approche de coaching pour l'entreprise.

À condition d'avoir le soutien des dirigeants de l'entreprise.

En termes de posture, aucun lien hiérarchique ne peut exister entre le coaché et le coach interne. Il faut respecter la stricte confidentialité des discussions, prendre du recul vis-à-vis des situations et rester en dehors de tout risque d'influence.

La crédibilité d'un coach interne sera le respect de la confiance donnée du coaché afin de protéger toutes les parties.

Le coaching interne a fait ses preuves pour accompagner les mutations profondes et accélérées.

Cela permet aux salariés d'avoir une oreille attentive et professionnelle sur certaines problématiques et de trouver des solutions pour les résoudre.

Je dois dire que cette position a été clé pour mon métier, elle m'a permis de réfléchir sur moi-même. Elle a dopé mon niveau de maturité et m'a amenée à agir en co-protection, en coresponsabilité et en co-création.

Le changement est devenu mon ami, il m'a apporté des sources de motivation.

La question des liens est devenue encore plus cruciale avec l'explosion du **télétravail**. Nous avons tous compris que pratiquement tous les jobs d'encadrement et d'expertise pouvaient se faire à distance, et notamment tous ceux qui sont de l'ordre du formel : les réunions de travail, le travail individuel, les présentations, les RDV, les formations... Mais les liens, les connectons et les idées se créent dans **l'informel**, dans tout ce qui n'est pas planifiable. C'est pourquoi on voit émerger une nouvelle façon d'aborder la question des locaux de l'entreprise : puisque le travail en lui-même peut se faire n'importe où et à distance, les lieux physiques des organisations ne servent plus à accueillir le travail, mais à le booster. Et pour ce faire, ils doivent devenir des **lieux de rencontres**, des **lieux d'échanges,** notamment informels, des lieux d'émulation collective. Ne créez plus des lieux de travail, ils sont partout, mais investissez en des lieux de **culture**, des lieux *corporate*, cultivateurs de liens !

Encore faut-il animer ces lieux, en voilà un beau challenge pour les leaders de demain. Les entreprises qui ont innové dans les locaux et le contenant en restant rigides et poussiéreuses sur le contenu, sur le fond, sont si nombreuses. Investissez donc dans les espaces physiques et temporels de rencontres en réinventant les modèles et les modes opératoires de vos **réunions**, de vos échanges. Les réunions descendantes et procédurières sont le plus souvent non seulement une perte de temps, mais surtout une perte d'engagement et de performance pour les équipes, dirigeants compris. Un cadre moyen passe plus de 16 ans de sa vie profession-nelle en réunion, un cadre dirigeant y passe la plupart de son temps. Plus les réunions sont de « haut niveau », plus elles sont rigides, protoco-laires, rigidifiantes, pas enthousiasmantes du tout. Et plus elles empêchent la créativité, la perfor-mance, le lien.

Pourtant, quelques astuces et modes opératoires parfois simples peuvent changer la donne : limiter drastiquement la durée des réunions, donner à chacun un rôle précis, mais à tour de rôle, prévoir les ice-breakers, éviter les PowerPoints surchar-gés... Et pourquoi pas, pour les réunions en présentiel, faire des réunions debout ou a minima sans table et sans écrans. Les collaborateurs se montreront plus engagés, plus impliqués, plus productifs. Chacun y éprouvera plus de plaisir et les liens se tisseront bien plus facilement.

Et si vous voulez maximiser les liens que vous créerez, entourez-vous de gens qui savent faire ce que vous ne savez pas faire, des gens meilleurs que vous et, si possible, des gens que vous **aimez**. Dans l'adversité, dans l'incertitude, dans la crise, les liens et l'envie de se battre avec et pour ceux qu'on estime feront toute la différence.

Vous me direz qu'on ne peut pas toujours choisir ses équipes. Alors, optons pour l'amour qui s'apprend. Comment ? Demandons aux nombreux couples qui ont appris à s'aimer malgré un mariage forcé... et ils nous renvoient encore à ces éléments de partage et de cultivation des liens évoqués ci-dessus : allons au-delà de ce que nous percevons de l'autre, cultivons les moments de partage, les expériences de découverte vécues ensemble. Cela nous permettra de découvrir des facettes en l'autre peut-être bien plus « aimables » que ce que l'on avait perçu à première vue ?

Je vous parle donc de risque, d'échecs, et même de mariages forcés... Pour affronter tout cela, il faut bien plus que du courage, plus que de la confiance, il faut une sacrée dose d'optimisme !

L'optimisme nous permet de faire confiance, a priori, de chercher le positif même dans l'adversité, de voir le verre à moitié plein, de nous relever même après une grosse chute. L'optimisme, c'est la confiance en l'univers, ni plus ni moins.

L'optimisme nous permet même de passer encore un cap, passer de l'amour à la **passion**, pour son équipe, pour son projet.

Et la passion, c'est indispensable si on veut faire de grandes choses. Seule la passion donne une énergie totale, déplace des montagnes.

L'un des leaders interviewés parle de l'importance des **rêves fous** : plus le rêve est grand, plus il motive et donne l'envie de le partager, d'y adhérer, de se battre pour.

Mais l'amour et la passion, les rêves fous... c'est sacrément humain, et aucune grande école ne nous les apprend. Il faut les chercher autrement.

Le mot de l'experte, Evelyne Chabrot
Inspirée par le témoignage de
Laurent Choukroun

⇨ **Faire ce que l'on aime !**

« Choisissez un travail que vous aimez et vous n'aurez pas à travailler un seul jour de votre vie. »

Confucius

Souvent, on entend : « Je regrette de ne pas avoir réalisé mes rêves. »

Pour éviter cela, pas de miracle : il faut se donner un coup de pouce, oser aller dans l'inconnu, regarder en dehors de notre cadre de référence, aller vers l'incertitude.

Cela vous permettra de ne rien regretter, vous aurez essayé.

Faire ce que vous aimez ne dépend que de vous !

Posez-vous les questions suivantes :

• Qu'est-ce que j'aime faire ? Faites votre liste.

• Qu'est-ce qui me donne de l'énergie dans ma vie et dans mes activités ? Faites votre liste.

• Qu'est-ce qui me semble facile pour moi ? Faites votre liste.

• Qu'est-ce que je fais mieux que tout le monde sans effort ? Faites votre liste.

• Quels sont mes forces, mes talents et mes envies ? Faites votre liste.

Vous avez une direction, si vous avez des envies, des choses que vous aimez.

Si cette approche vous parle, mettez tous vos efforts dans ce que vous aimez et demandez-vous :

« Ce que je propose à mes clients correspond-il à ce que j'aime ? »

Vos talents ne s'usent que si vous ne vous en servez pas !

Ce qui vous semblera un bon travail, c'est sûrement ce que vous aimez faire.

Les génies ont réussi à vivre de leur passion parce qu'ils avaient FOI en leurs idées.

Si vous aimez passionnément faire quelque chose, alors vous trouverez une mission qui va vous faire vibrer. La motivation d'un individu, c'est l'énergie qui l'anime.

Ce qui est important aussi, ce n'est pas ce que vous voulez FAIRE, c'est ce que vous voulez ÊTRE…

Et le sens dans tout ça ?

La confiance, la prise de risque, l'amour et la passion, et tout ça dans un monde VUCA, marqué par l'effacement des repères et les changements de paradigmes. Beaucoup parlent alors de la quête de sens et l'impérieuse nécessité de (re)donner du sens. Donner du sens au travail n'est pas un concept abstrait pour bobos et psys désœuvrés, c'est un enjeu majeur pour les entreprises soucieuses de l'engagement et de la performance de leurs collaborateurs. Le manque de sens, notamment chez les cadres, est facteur de stress, de burn-out, de coûts et de manque à gagner.

Trouver son propre sens et aider les autres à trouver le leur, encore une affaire de posture et d'approche du leader, plus que de stratégie !

La perte du sens dans le travail pourrait bien être le mal du siècle dans le monde de l'entreprise, et notamment des cadres dirigeants. Particulièrement des cadres dans les grandes entreprises. Pourquoi ? La réponse est assez basique : le sens du travail est lié à la connaissance et la prise de contact presque quotidienne de son client et bénéficiaire final et au feedback – direct ou indirect – qu'il nous renvoie de notre **utilité**.

Saviez-vous le point commun entre un maître-nageur, un instituteur, une avocate, une caissière, un médecin, une femme ou un homme de ménage (qui travaille aux heures de bureau !), un agent d'accueil ou un conseiller clientèle ? Ils n'ont peut-être pas tous le job de leurs rêves, mais ils ne vous parleront probablement jamais d'un problème de sens. Ils sont en prise directe avec le client final et ils voient chaque jour ce à quoi leur labeur a servi. Contrairement aux cadres et top managers des grandes entreprises et organisations. Plus votre structure est grande, plus elle s'appuie sur des organigrammes pyramidaux et des procédures rigidifiantes. Et plus vous y montez en responsabilité, plus vous y montez en grade, plus vous vous éloignez du terrain, du client, de l'usager, du bénéficiaire, de la **raison d'être** de votre travail.

Appelons cela le **syndrome du mammouth,** en référence à l'Éducation nationale qui est un exemple de perte de sens et même d'échec en raison du fait que l'éducation y est pensée par des gens certes brillants, mais dans la méconnaissance absolue du terrain et des usagers-clients.

Mais le syndrome du mammouth peut concerner des organisations bien plus petites. Le seuil critique est estimé à 100 collaborateurs. À partir de ce seuil, il devient en général très difficile pour un dirigeant de bien connaître chaque collaborateur. À partir de ce seuil également, on peut s'apercevoir que les organigrammes et les procédures se complexifient.

Le mot de l'experte, Evelyne Chabrot

La quête du sens, si importante dans un monde VUCA !

« Donner du sens » à son action, voilà une notion bien galvaudée...

Le « sens » pour moi, il est profond, il est personnel, on ne peut pas me donner du « sens », je suis la seule à pouvoir me l'octroyer.

Le « sens » est rattaché à nos croyances, nos valeurs, à notre responsabilité en tant que personne.

J'entends dire que ceci ou cela n'a pas de « sens », que mon métier est vide de « sens ».

Je réponds à cela : quel supplément d'âme mettez-vous dans votre métier, que vous soyez collaborateur ou dirigeant ?

En tant que dirigeant, vous êtes doublement challengé : comment vous investissez-vous dans ce que vous réalisez et comment cela permettra aux autres de trouver du « sens », leur sens dans leur travail ?

Dans l'entreprise, il y a souvent un projet qui permet d'avoir un « sens » collectif. Le manager doit impliquer ses collaborateurs afin que chacun joue un rôle.

Est-ce du « sens », d'après vous ?

Pour qu'il y ait du sens, posez-vous ces questions :

– Les collaborateurs ont-ils été associés à la construction du projet, ont-ils pu mettre un peu d'eux-mêmes ?

– Comment, dans leur poste actuel, peuvent-ils y mettre de l'intérêt, de l'efficacité, du plaisir… ?

– Comment mettre en action chacun d'entre eux ?

– Comment valoriser les progrès de chacun et ne pas mettre uniquement l'accent sur les difficultés ?

– Comment les collaborateurs se sentent-ils à la bonne place, avec une idée positive de leur contribution ?

Alors, à ce stade, le « sens » veut dire quelque chose aussi bien pour le collaborateur que pour son dirigeant, ce ne sera pas le même, et c'est bien aussi, ça partira d'eux individuellement.

Avoir du « sens », c'est un ressenti propre à chacun, comme le plaisir, l'utilité…

Le remède ? Certains y répondent par des **organisations libérées**, en renversant la pyramide de façon radicale. C'est une approche qui a fait ses preuves pour des organisations de petite ou moyenne taille, mais elle est très dépendante de la figure du « grand patron ».

Les **approches agiles** permettent elles aussi de libérer, du moins à petite échelle, les organisations et de responsabiliser et reconnecter chaque acteur, quel que soit son grade, à son client et son impact. Cela peut devenir particulièrement efficace et productif si l'on introduit l'agilité à travers des programmes **d'intrapreneuriat.** À condition de positionner chaque équipe d'intrapreneurs comme de véritables **entrepreneurs**, autonomes, responsables et en prise directe avec le terrain, les usagers-clients.

Mais s'y aventurer implique un changement, un **renversement de paradigme** assez radical, au moins pour le dirigeant. Face aux intrapreneurs, il ne dirige plus ou presque, il ne pousse plus, ne tire plus, n'est même plus manager « coach ». Il donne un cadre, le plus simple et clair possible. Et des moyens en toute sobriété. Aux équipes de trouver les bons outils et les bonnes recettes. Le leader n'est plus leader. Il est tout au plus facilitateur, sinon « juste » sponsor.

Beaucoup d'entreprises répondent à la quête de sens par des politiques **RSE** et plus récemment en se redéfinissant comme **entreprises à mission**. Elles vont alors définir la fameuse « raison d'être » qui donne sens à leur activité. Si ce mouvement est intéressant et souvent salutaire pour engager un nouveau souffle et inscrire les transformations dans un projet global et vertueux, il ne suffit pas à remettre du sens dans le travail de chaque collaborateur, de chaque équipe. Si tel était le cas, la plupart des agents publics, dont la mission s'inscrit dans l'intérêt général, n'auraient aucun problème de perte de sens dans leur travail. Or, il n'en est rien. Les administrations publiques sont aussi frappées par la perte de sens que les entreprises privées, et plus elles sont grandes, plus le problème est palpable.

Ainsi, le chantier de la quête du sens reste entier. Aux leaders de se retrousser les manches et d'engager les transformations managériales et organisationnelles qui s'imposent pour permettre à chacun de se reconnecter avec « sa » raison d'être.

III. Quand crises et échecs deviennent opportunités

Pour introduire ce chapitre, je vous cite J. K. ROWLING, interrogée sur l'importance de l'échec pour réussir sa vie. Non, je ne l'ai pas interviewée, et non, elle n'est pas « leader » ; quoique...

> *« J'étais le plus gros échec que je connaisse.*
> *Or, l'échec nous écarte de ce qui n'est pas essentiel... J'ai consacré toute mon énergie à terminer le seul travail qui m'importait...*
> *Si j'avais réussi à autre chose, je n'aurais peut-être jamais trouvé la détermination de réussir dans le seul domaine qui comptait pour moi... Toucher le fond était une base solide sur laquelle j'ai reconstruit ma vie... Il est impossible de vivre sans échouer, à moins de vivre si prudemment que vous pourriez n'avoir jamais vécu du tout. Auquel cas, vous échouerez par défaut. »*

Ces propos ont été confirmés par les leaders interviewés. J'ai posé à chaque fois la question suivante : « Quelle a été l'étape la plus marquante de votre parcours ? » Presque tous m'ont parlé d'une crise, et le plus souvent, la réponse à cette question était la même que celle à la question suivante : « Quelle est la crise avant-COVID qui vous a le plus appris ? »

Conclusion ? Les étapes clés dans la vie d'un dirigeant sont faites d'extrêmes et d'intensité : âmes douillettes s'abstenir !

Le mot de l'experte, Evelyne Chabrot
Inspirée par le témoignage **Caroline Porot**

⇨ **L'échec comme un tremplin**

Puiser sa force dans la difficulté, ne pas épouser les codes et les dépasser, cela demande des efforts considérables. Mais c'est une vraie chance que la personne se donne, car dans notre culture, ce n'est pas si courant et surtout mal accepté. En réalité, c'est la pression sociale, le problème.

Plus vous accepterez l'échec et plus vous oserez faire des choses qui auraient pu vous faire peur. Voilà comment on pousse les limites et que l'on sort de sa zone de confort.

L'échec vous permet de grandir et d'apprendre, parce que vous avez pris des risques et ce sont ces risques-là qui vous poussent, qui vous aident à vous surpasser afin d'obtenir le succès.

Qu'en est-il alors du mental ? L'échec fait mal, il amène des émotions négatives : déception, tristesse, frustration...

Pour rebondir après l'échec, l'une des premières choses à faire est d'accepter les émotions qui viennent à nous, d'assumer la douleur et d'accueillir notre vulnérabilité. La vulnérabilité fait notre humanité. L'échec doit nous apprendre à nous aimer !

L'échec n'est pas une impasse, simplement un détour, pour revenir encore plus fortement.

La bonne nouvelle, c'est que toutes ces crises vécues et racontées par les leaders interviewés, avec le recul, se sont avérées créatrices de belles opportunités. Oui, de la crise naissent les opportunités, et sans crise, pas de résilience, voire pas de réussite.

L'un de ces leaders a été particulièrement clair : la résilience s'apprend de la crise et des échecs. La réussite, elle, ne nous apprend pas grand-chose et ne nous prépare à rien !

Figurez-vous, ce top manager d'une entreprise internationale est même allé jusqu'à célébrer l'un des échecs les plus cuisants de sa carrière avec ses équipes. Pourquoi ? Parce que s'il y a échec, il y a eu un effort, parfois considérable, des victoires intermédiaires, et surtout des apprentissages.

Sur ce, je suis tentée de faire le lien avec les approches « *test & learn* » du monde des start-ups.

On lit souvent que les start-ups résisteraient bien à la crise actuelle... grâce à leur « agilité digitale » ! Cela me laisse perplexe. L'aisance digitale n'est pas un atout réservé aux seules start-ups et ne saurait expliquer, à elle toute seule, leur résilience. Si les start-ups résistent, mieux que d'autres, ne serait-ce pas plutôt lié à leur posture résiliente native, « *by design* » ?

Une **start-up**, par définition, c'est une **entité en crise totale** : une belle idée qui doit encore trouver son marché et son modèle économique. En d'autres mots : un projet entrepreneurial mené en pleine conscience du monde VUCA. Le mode de vie des start-ups est un **mode de survie** : *test & learn*. L'échec apprenant permet de réitérer, de pivoter, et – *in fine* – de percer.

La crise sanitaire nous a catapultés dans une crise économique, sociale et sociétale qui risque fort de s'installer dans la durée. Acceptons cet état de fait et adoptons des postures (et des méthodes !) qui permettent, tant que possible, de puiser les opportunités qui s'offrent aux résilients, c'est-à-dire à ceux qui savent **échouer et en apprendre !**

Mais revenons à une dimension plus personnelle de la crise et de l'échec, parlons encore une fois de l'une de ces notions fortes du management contemporain, déjà abordée précédemment et évoquée abondamment par les leaders interviewés : la confiance.

À la question « quels sont les plus grands challenges pour les leaders de demain ? », quasiment toutes les personnalités interviewées me répondent : **savoir faire confiance.**

La confiance est l'ingrédient de base d'un management plus distribué, d'un «leadership de projet», d'une forme d'audace aussi. Sans confiance, on ne prend pas de risques, on devient immobile. Surtout, sans confiance, difficile de transformer les crises en opportunités. Il est question ici d'une Confiance avec un grand C, une confiance élémentaire et fondamentale. Elle se décline à trois niveaux :

- Confiance en soi. Ça semble si simple, mais ça peut être dur.
- Confiance en l'autre. Ça peut être aussi exaltant que casse-cou.
- Confiance en l'univers. Eh oui.

> «Le succès consiste à aller d'échec en échec sans jamais perdre son enthousiasme.»
>
> Churchill

La trahison, crise taboue de la confiance ?

Pour les leaders et managers, faire confiance aux équipes que l'on veut embarquer, c'est déléguer et valoriser : leur permettre d'être identifiés sur de beaux projets.

Mais soyons honnêtes : la confiance, c'est aussi une prise de risque. Et la crise, l'échec de la confiance, c'est la trahison. Et si on parlait de **trahisons** et de «traîtres»? De ceux qui ne feront que profiter de vous et de votre confiance?

Parce que voilà, on n'est pas dans un monde de *bisounours*, et la confiance, ça peut parfois se retourner contre vous. Parce que oui, votre collaborateur ou collaboratrice à qui vous aviez confié un projet très emblématique, en lui fournissant tous les moyens et tout l'appui nécessaires pour le mener à bien, peut décider de faire cavalier seul, de ne pas jouer collaboratif. Et oublier vite que sans vous, il ou elle n'y serait pas arrivé(e).

Les leaders interviewés convergent : Madame Opportuniste et Monsieur Profiteur existent partout. Et si vous pratiquez un management de confiance, vous risquez fort d'en rencontrer sur votre chemin. Vous vous en rendrez compte en général trop tard. Il ou elle peut aller jusqu'à vous évincer du projet, de ses circuits, de son écosystème, ce qui lui sera d'autant plus facile si vous aviez mis en place une organisation et un fonctionnement pas trop rigides.

Il semblerait que cela arrive régulièrement et que de telles trahisons puissent aller très loin. De nombreux « leaders confiants » en ont fait l'amère expérience. J'en fais d'ailleurs partie.

Faut-il pour autant être plus méfiant, ne plus faire confiance a priori ?

Clairement, non. **La confiance est a priori toujours gagnante**, sur le **long terme**. Même si elle peut vous rendre plus vulnérable vis-à-vis de collègues et collaborateurs moins « sport » que vous.

Les gens dignes de confiance, ceux qui méritent la vôtre, sont heureusement plus nombreux que les autres. Faites confiance pour eux, ils vous le rendront bien.

Ne perdez pas votre temps et votre énergie à vous méfier ou à identifier les « traîtres », vous ne les découvrirez qu'après coup.

Dites-vous plutôt que les gains de votre confiance sont plus importants que les pertes.

En revanche, soyez clair, dès le départ, sur votre vision de la **réciprocité**. Cultivez une forme de pacte avec chaque membre de l'équipe qui vous entoure : cadrez les attentes de part et d'autre, en termes de postures.

Enfin, soyez implacable avec ceux qui n'auront pas respecté les principes de la réciprocité.

Vous les démasquerez généralement quand ils n'auront plus besoin de votre confiance, quand ils ne seront plus dans votre champ d'influence directe.

Leur opportunisme flagrant vous sautera alors aux yeux, mais pas besoin de vous « venger », leur stratégie ne payera pas sur le long terme.

Rayez-les simplement de votre cercle de confiance, ne leur laissez plus accès à vos réseaux. Ne perdez plus du temps ou d'énergie avec eux.

La confiance, ça se donne une fois, pas deux.

Le point de non-retour : quand le changement s'impose

« Une crise ne devient catastrophique que si nous y répondons par des idées toutes faites. »

Hannah ARENDT

Le monde est entré dans l'ère de la 4e révolution industrielle. Cette révolution, à la fois cause et conséquence des disruptions rendues possibles par les prouesses technologiques et notamment digitales, nous a catapultés dans un contexte VUCA bien avant la crise COVID-19. Elle induit des mutations économiques et sociétales particulièrement profondes. Elle fait éclore de nouveaux modèles économiques et, ce faisant, balaie les chaînes de valeur encore valables hier. Elle remet en cause les organisations, la stratégie et le management des entreprises. Elle transforme les métiers et les usages de façon radicale. Cette révolution, souvent appelée **révolution 4.0,** car corrélée à la révolution de la data et du digital, n'est pas comme les autres. Elle est plus rapide et plus profonde. Elle s'apparente à une **crise** pour beaucoup de secteurs, car ceux qui y perdent font des chutes vertigineuses, et les gagnants ne sont pas forcément ceux qu'on attendait.

Tous les secteurs sont concernés, aucun acteur ne pourra s'y soustraire.

La plateformisation des services, l'interconnexion des acteurs, l'automatisation des processus, l'intelligence artificielle, la technologie blockchain, la superpuissance des détenteurs de la donnée client mondiale – les GAFAM et autres BATX – sont autant de facteurs qui bouleversent déjà les référentiels de valeur et les transformeront profondément dans les quelques années qui viennent.

Or, si ces transformations bousculent et font souvent peur, elles sont avant tout une opportunité inouïe. Elles amènent à réinventer les modèles business, managériaux et organisationnels, et peuvent être un levier aussi puissant que concret pour faire plus et mieux qu'avant.

À condition de sortir des sentiers battus et de faire le deuil de modèles encore valables hier, de plonger dans une ère qui réinvente les méthodes, les approches, les postures... À condition aussi de **ne pas attendre** qu'il soit déjà trop tard.

La bonne nouvelle est que la transformation à l'ère de la révolution 4.0 n'est pas tant un défi en termes de prouesses techniques et technologiques. Elles sont déjà à portée de main et largement démocratisées. Ce n'est donc pas non plus une question de grands moyens. C'est avant tout une question **managériale** et **RH** qui requiert plus de volonté et de **vision** que de technologie.

En revanche, il devient urgent que les décideurs et leaders se saisissent de ces thématiques, les appréhendent et en déduisent les enjeux, les risques et surtout les opportunités.

Reléguer ces questions aux seuls DSI et aux prestataires experts de la data et du digital pourrait s'avérer fatal.

La crise COVID-19 a accéléré la prise de conscience des dirigeants quant à l'impérieuse nécessité de prendre le « **virage du digital** ». Il n'y a plus le choix. Mais avant de penser technologie et outils, il est temps de questionner les opportunités et les modèles pour ouvrir les champs des possibles. C'est pourquoi les Comex des entreprises et organisations gagneraient à rattraper un retard en acculturation et compréhension de ces enjeux. Chaque leader dirigeant de plus de 30 ans devrait se questionner sur sa compréhension de la puissance des data, des modèles d'ubérisation et des disruptions d'usage et de consommation qui y sont liées. Et, le cas échéant, rechercher les formations et l'accompagnement qui peuvent l'y aider, ainsi que ses pairs et ses équipes.

Trois grandes questions devraient les guider qui concernent à la fois le levier business et le levier managérial.

Dans le contexte de ces crises interconnectées, nées de la révolution digitale et sociétale et désormais de la crise sanitaire :

-      Quels sont les marchés et les business qui émergent ?

-      Quels sont les changements comportementaux, sociétaux et de consommation qui vont avec et comment les aborder ?

-      Comment traduire ces évolutions dans mon organisation et dans la façon dont nous travaillons et fonctionnons ensemble ?

Pas besoin de devenir geek ni UX designer ou encore data scientist pour essayer d'y répondre. Juste un leader qui essaie d'y voir plus clair.

Tant que la crise sanitaire perdure, les contraintes et restrictions qu'elle pose sont aussi de véritables boosters de la créativité. Elle nous offre notamment 6 leviers qui se prêtent à être actionnés comme des **super-accélérateurs** du **changement** :

1) **Plus de temps**. En supprimant a minima des temps de déplacement, la crise nous offre le temps de faire autre chose, ou de faire autrement.

2) **Plus de réflexion et de questionnement**. En offrant du temps, la crise nous pousse à l'introspection, à la réflexion et à la remise en question, préalable à toute transformation.

3) **Réactivité et créativité**. La crise nous pose des contraintes immédiates, abruptes, non planifiables et non préparées. Nous voilà donc obligés de faire preuve d'agilité et d'inventivité, en sortant de nos procédures et référentiels si rassurants et si immobilisants.

4) **Des réunions en mieux**. Les réunions sont au cœur des missions des leaders-managers, elles sont aussi ce qui nous réussit le moins bien, à en croire d'innombrables études. Nos réunions ne sont pas efficaces ni stimulantes. Les confinements ont agi sur la disruption des réunions à trois niveaux : ils ont drastiquement réduit leur nombre, ils ont réduit leur durée et ils ont poussé beaucoup

de managers à réinterroger le fond et la forme des réunions pour en faire des espaces plus agréables et plus productifs.

5) **Conscience des liens** : la crise nous a fait prendre conscience à quel point nos écosystèmes sont interdépendants et connectés. L'importance des liens et du corps social n'a jamais été autant mise en valeur, de nouvelles solidarités sont apparues.

6) **Humilité**. La crise nous a montré que même la meilleure organisation et une parfaite planification ne peuvent rien face à un phénomène global et imprévu. Elle encourage à reconsidérer notre place et notre rayon d'action, et à agir quand on le peut et comme on le peut, mais sans oublier que chacun est « juste » un acteur à son niveau, parmi tant d'autres. La devise du développement durable « *think global, act local* » reprend tout son sens.

Vers de nouvelles perspectives

Nul ne sait si la crise sanitaire va encore durer, mais la crise économique qu'elle engendre, ou plutôt qu'elle accélère, devrait s'inscrire dans la durée et provoquer des mutations profondes et insoupçonnées. Certains pensent qu'un nouveau miracle économique, à l'instar des Trente Glorieuses, pourrait en naître. Mais si un rebond économique façon 2.0 devait advenir, ce serait sur les bases de ce que les économistes et sociologues appellent d'ores et déjà le « **Next Normal** », le *paradigme du futur*.

Ce *Next Normal* est dans les faits déjà en train de s'établir, mais il est encore trop top pour le définir clairement. Tout laisse à croire que sa première qualité sera justement d'être mouvant.

Toutefois, quelques lignes forces se dégagent qui seront certainement structurantes pour de nouvelles formes de leadership :

- **La santé**. La santé au sens global, comprenant les dimensions bien-être et santé environnementale, émerge comme une valeur primordiale tant pour les collaborateurs et les clients.

- **Le travail à distance deviendra la règle**. Le présentiel sera réservé aux rencontres qui s'inscrivent dans le développement de la culture *corporate*, à l'informel et à la convivialité. Libérés des contraintes géographiques, cela ouvre d'incroyables perspectives en termes de recrutement pour les employeurs et de choix de vie pour les salariés !

- **L'agilité comme compétence clé**. La crise a propulsé la transformation digitale de nombreuses entreprises qui ne l'avaient pas forcément anticipée. Elles ont alors été confrontées à la nécessité de disposer de compétences et de culture agiles pour réussir cette transformation, dont le principal challenge n'est pas technologique.

- **La transparence**. La digitalisation permet de tracer, d'informer, de partager, de rendre visible. La transparence deviendra à la fois autant une nouvelle exigence des clients (origine des produits, impact environnemental, efficacité du service rendu...) que des collaborateurs. L'ère des dirigeants seuls sachants et détenteurs de l'information est révolue. C'est une révolution en soi, car partager l'information, c'est partager le pouvoir.

- **Moins de dépendances, plus d'interdépendances**. Les collaborations se libèrent, les nouvelles formes de travail sont plus entre- et intra-preneuriales. L'avenir n'est plus aux hiérarchies autoritaires, mais à des pouvoirs plus distribués. Les leaders seront davantage ceux qui connectent et qui se connectent, qui savent agir dans des réseaux multiples et hybrides.

IV. La boîte à outils du leader résilient

> « Pour ce qui est de l'avenir, il ne s'agit pas de le prévoir, mais de le rendre possible. »
>
> Antoine de Saint-Exupéry

Leaders de demain, quels challenges ?

Lisez les récits des grands témoins dans la deuxième partie de ce livre : ils ont tous répondu à cette question précise. On pourrait s'attendre à ce qu'ils nous donnent des conseils de stratégie, de comment mieux décider, négocier, planifier. Il n'en est rien. Les maîtres mots sont ceux que, pendant longtemps, on croyait devoir réserver à la sphère privée : l'écoute, le partage, l'ouverture, la confiance ou encore la simplicité et le plaisir !

Sans trop dévoiler la façon dont chacun des grands témoins revient sur ces challenges, et sachant que quelques-uns de ces items ont été développés précédemment, en voici un petit condensé :

L'écoute, y compris l'écoute du terrain : sortez des bureaux, pratiquez l'empathie client et l'empathie collaborateur, les deux étant intimement liées ! Le plus difficile dans ce défi ? « Comprendre les autres en restant soi-même... »

Le partage et l'ouverture, cela revient à nous ouvrir aux autres, à la diversité, la multiculturalité, à développer sa curiosité et ses réseaux. Cela veut dire aussi chercher les mobilités, le changement, la mise en mouvement, les nouveaux terrains de jeu et éviter l'immobilisme, à tout prix !

La confiance, confiance aux autres, et bien sûr confiance en soi. Cela signifie connaissance des autres, et connaissance de soi. Cultivez les relations humaines, soyez bienveillants. La confiance est aussi l'ingrédient de base pour construire l'autonomie des équipes. Sans cela, on retourne au management procédurier, au micro-management qui épuise tant le dirigeant que les équipes et qui menace la vitalité de l'entreprise, tant il est rigidifiant.

La simplicité dans les rapports aux autres, la capacité à revenir aux fondamentaux qui donneront des repères par ces temps de grandes incertitudes. La simplicité, c'est aussi l'humilité, se débarrasser de ses certitudes, savoir se remettre en question, en permanence. Mais cela implique aussi de prendre soin de ses ressources intérieures, de pratiquer une écologie intérieure pour assumer : la question de l'équilibre est essentielle !

L'amour de ce que l'on fait, pour ceux et avec qui on le fait, le plaisir de son travail sont les meilleurs ressorts pour viser l'excellence. Aligner la recherche de l'excellence pour le client avec celle pour le collaborateur, c'est faire converger expérience client et expérience collaborateur.

Au-delà de ces fondamentaux intemporels émergent aussi des défis nouveaux, particulièrement liés à la période actuelle :

Le digital

Le digital est une lame de fond qui balaie tout. Elle challenge les entreprises et les leaders, et ce pas seulement d'un point de vue technologique. Elle interroge profondément les modèles, les organisations, la stratégie. Il devient urgent pour les leaders de s'approprier les enjeux qui en émergent, de comprendre les défis et les opportunités qui en découlent pour eux.

La place des femmes

Les entreprises où les femmes sont en « bonne » place seraient plus performantes et plus résilientes. Et les qualités qui font les leaders résilients sont souvent celles que l'on prête davantage aux femmes : empathie, écoute, partage, adaptabilité… Pourtant, si la parité est une évidence dans l'intention, elle reste encore un vrai combat dans la réalité. Les femmes sont les premières à devoir s'en saisir, car l'un des facteurs de leur sous-représentation dans les instances de direction serait leur insuffisante confiance en elles et le manque de réseaux de sororité ; alors même que les hommes ont toujours su s'appuyer sur des cercles d'entraide très masculins et fraternels. Les femmes leaders ont ainsi un rôle important à jouer pour développer ces facteurs confiance et sororité, pour elles comme pour leurs équipes.

L'éthique

Nous n'avons pas attendu que l'entreprise à mission fasse la une avec le départ du PDG de Danone pour entendre les cadres dirigeants et entrepreneurs parler de la quête de sens, de la raison d'être. La quête d'impact positif n'est pas non plus réservée aux générations millénales et suivantes. Mais la question de l'éthique est plus que jamais devenue un facteur de résilience à la fois individuelle et collective. Et souvent, le plaisir, l'amour du travail, celui qui nous donne des ailes, est intimement lié à la conviction de l'utilité de ce que nous faisons.

La valeur du risque

Prendre des risques devient essentiel pour les entreprises et leurs dirigeants. L'immobilisme et la rigidité, l'incapacité de se mettre en mouvement, guettent notamment les plus grandes. Le plus grand risque serait de ne pas en prendre. Or, comment rémunérer, comment valoriser le risque et avec lui l'échec ? Pas de réponse toute faite pour y répondre, ni de recette de cuisine. Mais des retours d'expériences qui portent sur la célébration des étapes, y compris des échecs, sur la manière de capitaliser sur les échecs pour les rendre apprenants, ou encore sur l'encouragement des processus d'expérimentation, d'exploration, indispensables pour innover.

Vous découvrirez donc tout cela plus en détail en lisant les expériences et les conseils des leaders grands témoins. Mais je ne résiste pas à vous livrer quelques outils et leviers les plus concrets possible pour que vous puissiez les transposer, si cela vous intéresse, dans votre pratique. Je me suis basée sur ce que les grands témoins ont bien voulu me (nous) partager, ainsi que sur mes propres expériences et mon vécu. Évidemment, vous n'êtes pas obligé de tout prendre. Mais je vous encourage à tester quelques recettes, peut-être vivrez-vous un petit miracle ?

Le mot de l'experte, Evelyne Chabrot

La résilience...

... se construit dans le rapport à l'autre et dans la confiance qui nous est faite, et celle que nous donnons !

Nous sommes tous pourvus d'un capital de résilience en nous, à nous d'explorer ce potentiel.

Ce pouvoir personnel à transformer l'échec, le drame, les blessures... En entreprise, nous pourrions parler d'erreur de parcours, de burn-out, de licenciement que nous avons subi.

Entrer en résilience, cela signifie :

– avoir la capacité de se reconstruire

– avoir la capacité de rebondir

– avoir la capacité de se transformer dans la difficulté

Il y a toujours une personne qui sert de déclencheur à la résilience.

Alors, qui a été là pour vous, qui était votre soutien, votre tuteur de résilience ?

J'ai une histoire personnelle à vous raconter.

Pour ma dernière année d'école hôtelière, mon père, qui avait l'habitude de m'accompagner, me dit : « Evelyne, tu es grande, tu iras seule. » Je pars et en arrivant à l'école pour intégrer l'internat, la directrice me prend à part et me dit : « Evelyne, je ne pourrai pas vous garder, car la scolarité du dernier trimestre n'a pas été réglée. » Je suis sous le choc, et je lui demande : « Pourrions-nous téléphoner à ma maman ? » Maman s'engage à régler ce dernier trimestre, nous raccrochons. La directrice s'interroge : « Comment allons-nous procéder pour cette année ? » Et elle ajoute : « Vous êtes une très bonne élève, je ne vais pas vous laisser tomber, installez-vous, je vais réfléchir. » Alors, je m'installe comme les autres années, malgré une grande inquiétude. Le lendemain, elle me convoque et me dit : « Evelyne, pouvez-vous faire des extras pendant la scolarité ? » Je lui réponds que oui, évidemment. Et cela a été notre deal.

Elle m'a tendu la main, elle m'a porté un intérêt sincère, elle m'a fait confiance, elle m'a rendue responsable. J'ai senti la fierté en moi, la force pour y arriver et l'envie de ne pas la décevoir grâce à la confiance qu'elle m'avait accordée.

J'ai fait une excellente carrière, et c'est parti de là... Durant toute mon expérience professionnelle, à mon tour, j'ai tendu la main, j'ai valorisé les collaborateurs auprès de leurs dirigeants afin qu'ils les voient sous leur meilleur angle.

Sans le savoir, j'étais dans la posture, dans la pratique du soutien de résilience. La croyance que nous avons en l'autre va se réaliser, c'est l'effet Pygmalion. Et les blessés de l'âme peuvent transformer leur souffrance en rage de vivre.

Outils et leviers pour votre équilibre perso

Commencez par là, vos équipes et votre business vous en seront reconnaissants !

On a tous tendance à s'occuper de notre ressourcement personnel en dernier. Alors qu'en temps de crise, il est fondamental ! Vous n'affrontez pas la tempête si vous êtes fatigué et sans ressources intérieures. Vous risquez de faire des erreurs aux conséquences désastreuses pour vous, vos équipes et votre business. Pensez aux consignes de sécurité dans l'avion. Quand il faut mettre les masques à oxygène, mettez d'abord le vôtre. Vous pourrez ensuite sereinement vous occuper des autres.

Le regard de l'experte, Evelyne Chabrot,
*Inspirée du témoignage d'**Adnan El Bakri***

Construire son projet de vie !
D'abord, on le rêve ; ensuite, on le construit.
Il s'agit plutôt d'une feuille de route que vous allez suivre afin de donner du sens à votre vie. Vous devez aussi prendre en compte vos valeurs et vos croyances.
L'origine peut être un événement de votre vie qui vous a marqué comme Adnan. Ce n'est pas toujours le cas, il peut se révéler à vous plus tardivement, à n'importe quel âge, il n'est jamais trop tard.
Le fait même de vouloir prendre conscience de son projet de vie, de l'élaborer, ça vous propulse vers

l'action, car vous rentrez dans un processus vertueux vers une mission qui vous est propre.

Un des points fondamentaux, c'est de croire en vous, d'avoir une foi inébranlable, en être fier, ce qui vous permettra de franchir les obstacles qu'il y aura sur le chemin.

Volonté, implication et détermination seront les fermants de la réussite de votre projet.

Plus on est clair dans ses souhaits, son projet, et plus on avance avec aisance dans sa réalisation professionnelle et personnelle.

Alors, comment s'y prendre ? Je ne vais pas vous rappeler les éléments les plus évidents, tels que ce que nous apportent le sport, une alimentation saine, un équilibre vie pro et vie perso ou encore le sommeil en doses suffisantes.

Mais on notera que beaucoup de leaders témoignent de ce que leur apportent des exercices réguliers de **méditation, de recentrage, de respiration** cardiaque... Toutes ces pratiques qui nous invitent à souffler, à faire le calme par le vide, à nous poser. Nombreux sont ceux qui les ont intégrés dans leur quotidien et qui y puisent une énergie dont ils ne pourraient plus se passer. Chacun peut s'y mettre à son rythme, à sa manière. On trouve désormais des applications gratuites, des livres, qui permettent des « accompagne-ments » faciles et adaptés à toutes sortes de situations : exercices réguliers, recentrage avant une décision importante ou une réunion difficile, relaxation...

J'insiste aussi sur les **bienfaits du coaching** pour les leaders, ainsi que pour leurs équipes. Pouvoir bénéficier d'un coaching est aujourd'hui considéré, heureusement, comme un privilège, dans la plupart des grandes entreprises. Malheureusement, dans certaines structures, notamment dans le secteur public, les dispositifs de coaching sont encore trop souvent vus comme des « pansements » pour managers en difficulté.

Plus globalement, **l'écologie personnelle** ne fait pas partie des apprentissages fondamentaux, ni à l'école ni en formations supérieure ou continue. Ce qui fait régulièrement monter la France sur le podium des pays des cadres en stress et des salariés non engagés. Il y a là certainement un champ important à investir dans lequel les leaders devraient donner l'exemple.

Outils et leviers pour mobiliser et fédérer vos équipes

Pour forger l'engagement et la force du collectif, la **culture** d'entreprise est primordiale. Et qui dit culture, dit cultivation. Cela passe évidemment par les leviers de la **communication** interne. Attention, à l'ère des réseaux sociaux, la communication externe devient également un redoutable outil de communication interne. Et le profil LinkedIn, Twitter ou Instagram du leader sera encore plus scruté par les équipes que les profils institutionnels. C'est donc un outil de communication managériale de la plus haute importance.

Citons ensuite la puissance des **rituels**, des découvertes, des plaisirs et des joies partagés qui décuplent la performance des équipes et du collectif s'ils sont cultivés. Et il y a plein de *best practices* en la matière. Ça peut être simplissime. Pas besoin d'avoir une équipe dédiée et un grand budget pour organiser des séminaires blingbling. Le plus dur, c'est parfois d'admettre que les petits rituels très réguliers, quotidiens ou hebdomadaires peuvent faire la différence... et de s'y mettre.

Eh oui, le corps social ne se construit pas seulement sur la définition des règles et des valeurs communes. Il a besoin de rituels qui permettent d'incarner ces valeurs. Et parmi les rituels, rien de plus puissant que les **célébrations** ! Même les échecs peuvent donner lieu à une célébration : valoriser les efforts consentis, les apprentissages, les découvertes communes. Chaque échec collectif, dès lors qu'il n'est ni caché ni dramatisé, peut être le début d'un formidable rebond et d'une confiance retrouvée, sinon démultipliée.

Revenons encore une fois à la question de **l'autonomie**, de la **responsabilisation**. Plus les équipes bénéficient d'un cadre libéré et responsabilisant, plus elles se mobilisent, prennent des initiatives et s'entraident. Le collectif se crée dans la capacité de chacun à être acteur et donc de contribuer, y compris pour résoudre des problèmes qui ne sont pas directement les « siens ».

Le micro-management, celui qui contrôle et laisse la bride courte, ne crée aucun collectif. Il se base sur les seuls rapports bilatéraux entre le « chef » et chaque collaborateur individuellement. Dans ce cas, chacun ses problèmes, chacun ses solutions, rien ne peut être partagé. Et rien ne pourra être résolu sans le chef. Cela peut paraître valorisant pour le chef, qui se rend de facto indispensable. Mais dans la réalité, c'est stressant et chronophage pour tous.

Notons aussi l'importance de la prise avec le terrain. **Allez sur le terrain** pour mieux comprendre ce qu'il s'y passe et créez les espaces pour que le terrain puisse venir vers vous. Certains grands dirigeants se soumettent régulièrement à un exercice « grande salle » ouvert à tous les collaborateurs, même les plus éloignés en « grade », pour échanger librement. D'autres se rendent souvent sur le terrain, là où se trouve « la base ». Si les équipes sont de plus petite taille, quelques dizaines par exemple, un « *weekly standup* » permet de se réunir sur un temps très court sur un seul sujet, et surtout de créer et de garder les liens.

Et nous voilà encore une fois à **l'importance des liens**, voire de **l'affection**… à créer et développer sans modération ; particulièrement aujourd'hui, alors que nos échanges de travail se digitalisent radicalement.

Parce que la distance physique exige davantage de liens. Et créer de la convivialité alors que l'on ne partage pas le même café et les mêmes croissants, c'est possible, mais ça ne se décrète pas. Enfin, quand on a une vue imprenable sur le salon, la cuisine, voire la chambre de son collègue en télétravail, il faut arrêter de faire comme si vie personnelle et professionnelle pouvaient (encore) être étanches. C'est faux et c'est très bien comme ça.

Le regard de l'experte, Evelyne Chabrot
*Inspirée par le témoignage de **Corinne Pitavy***

⇨ **L'intelligence collective**
L'intelligence collective est un super moteur de co-créativité, de partage et de motivations individuelles et collectives.

Croire à l'intelligence collective, c'est soutenir l'idée du proverbe africain : « Plus loin ensemble… ! » C'est miser sur le groupe et l'intelligence de ce groupe.

Parfois, certains dirigeants ont peur de perdre le pouvoir. C'est se fourvoyer, car un seul homme ne peut pas avoir autant de propositions, autant de réactivité, autant de qualités qu'un groupe. Il faut l'accepter.

La posture la plus « intelligence collective », c'est l'humilité conjuguée à la volonté.

La volonté : une volonté extraordinaire qui donne le sens de la stratégie, les buts à atteindre, avec l'obsession de l'exigence.

Cette volonté amène à avoir un regard vers le futur et non pas dans le miroir qui nous freine dans notre action. On ne peut pas refaire le passé, on ne peut que l'accepter. Voilà un véritable état d'esprit.

L'humilité : l'humilité favorise la cohésion d'équipe et le sentiment d'appartenance à une culture d'entreprise.

Le patron humble stimulera l'innovation venant du corps social, en étant vrai et juste. Chacun prendra sa part de responsabilité pour contribuer au collectif.

Le leader humble canalisera ses ambitions vers l'entreprise et non vers lui-même.

Outils et leviers pour votre organisation

Tout d'abord, revenons – encore une fois – à la place des **femmes** : ça avance, mais il y a encore du boulot, et il n'est pas normal que ce soit encore un sujet, mais c'est comme ça. Alors, autant le traiter en premier. Messieurs, ayez moins peur des propositions féminines, forcément différentes et souvent très contemporaines. Elles pourraient être particulièrement intéressantes pour faire face aux défis actuels. Mesdames, ayez moins peur de ne pas être à la hauteur et de ne pas être dans le moule. **Osez** !

Et puis, comment ne pas parler, là aussi pour la énième fois, de la tempête de la transformation **digitale,** celle qui balaie tout : *adaptez-vous ou disparaissez*. C'est votre capacité d'innovation qui fera toute la différence. Or, l'innovation ne se développe pas dans nos organisations et structures trop bien organisées avec leurs process, leurs modèles et règles qui figent. Créez des **espaces protégés** pour l'**innovation**, sinon elle étouffera avant d'éclore.

L'agilité est à la base de la capacité d'innovation, de la résilience des organisations. Mais elle ne se décrète pas. Plus votre organisation est grande, moins elle est agile. Pourquoi ? Parce qu'à la complexité, nous répondons toujours avec encore plus de complexité : des organigrammes sophistiqués, des procédures et référentiels... tout cela met de l'ordre et en même temps nous rigidifie. On entend souvent dire que les **organisations libérées** seraient la solution à tout cela. C'est en effet une solution, mais assez radicale. Elle ne fonctionne que si elle est portée en plus haut lieu, par le PDG, et incarnée par lui. Si ce n'est pas le cas, il est possible de libérer l'organisation à petite échelle, dans des petits périmètres, dans des **bulles d'autonomie et d'innovation**. Cela peut être mis en place au travers de programmes **d'intrapreneuriat**. Vous pouvez y voir éclore les innovations dont vous avez besoin avec des approches ultra-agiles, en mode start-up, à condition de miser sur le bon accompagnement. Vous jouerez alors sur deux leviers : le **levier managérial** qui ouvre les possibles et booste les équipes, et le **levier stratégique** qui vous invente les business de demain. Encore une belle façon de faire rimer expérience collaborateur avec expérience client !

Enfin, pour résumer tout cela : **diversité, agilité, innovation**, trois maîtres-mots pour construire et développer la résilience organisationnelle dans un monde de plus en plus VUCA.

Le mot de l'experte, Evelyne Chabrot

Comment passer de la résilience individuelle à la résilience collective en entreprise ?

Le concept né dans le cadre de recherche sur la gestion des crises et les organisations flexibles par K. E. WEICK nous propose trois piliers de la résilience :

1 – Le concret. Les entreprises résilientes sont pratiques et concrètes. Elles font face à la réalité, sans optimisme démesuré ;

2 – Les valeurs. Les entreprises résilientes ont un fort système de valeurs partagées qui permet de donner du sens aux complexités et aux défis rencontrés ;

3 – La créativité. Les entreprises résilientes sont ingénieuses. Elles proposent des solutions face aux situations rares qu'elles rencontrent.

Les entreprises résilientes s'obligent à faire face à quatre défis :

1 - Un défi cognitif : accepter les changements, en restant conscient qu'ils vont impacter l'organisation ;

2 - Un défi stratégique : savoir sortir du cadre pour imaginer de nouvelles options stratégiques et faire le deuil de l'organisation actuelle ;

3 - Un défi politique : réallouer les ressources aux futures activités prometteuses et arrêter les produits et programmes du passé ;

4 - Un défi idéologique : transmettre une attitude proactive et axée sur la recherche continuelle des nouvelles opportunités.

Outils et leviers pour affronter une crise

Ce qui revient le plus souvent dans l'interview des leaders au sujet de la gestion de crise est l'écoute, la transparence, le dialogue et la communication, l'action, la rétrospection et la réflexion, l'ouverture et la découverte aussi. Et dans cet ordre-là. Reprenons en détail.

Écoutez, écoutez, écoutez... et observez !
Écoutez tous ceux qui vivent la crise, qui sont affectés, qui ont peur.

Ne restez pas dans votre COMEX ! Allez voir ce qui se passe sur le terrain. Écoutez ceux qui sont au front. Une formidable occasion pour vous d'installer, dans la durée, un management plus orienté vers l'accompagnement des initiatives qui viennent du terrain et une meilleure focalisation sur votre client-usager. N'oubliez pas, plus vous prenez en grade, plus vous vous éloignez de la

« vraie » vie et du client. Redécouvrez-les en vous y immergeant et institutionnalisez une immersion terrain régulière pour vous et vos équipes dirigeantes. De nouvelles opportunités pourraient en naître !

Parlez vrai, en toute transparence.

Dites ce que vous avez compris et ce que vous comptez faire. Dites-en le plus possible. Ne niez pas la gravité de la situation. On ne rassure personne en n'admettant pas l'ampleur du problème. Ne vous faites pas passer pour ce que vous n'êtes pas : vous ne savez pas tout et vous ne pouvez pas tout ! Reconnaissez vos limites et partagez vos doutes. En revanche, ne confondez pas doutes et peurs. Les peurs ne se partagent pas. Ne les transmettez pas à vos collaborateurs, au risque de semer la panique. À vous de les gérer et de vous rééquilibrer (d'où l'importance de l'écologie personnelle) !

Le mot de l'experte, Evelyne Chabrot

Le leader humble ?

On entend que les entreprises rechercheraient désormais des collaborateurs humbles afin que le travail collaboratif se développe.

Mais les entreprises ont besoin aussi de cadres dirigeants qui ont confiance en eux, qui savent se mettre en valeur et qui sont dotés de charisme.

Est-ce compatible ?

La première posture permet l'écoute, la bienveillance et le participatif.

L'autre permet d'embarquer les équipes, d'affirmer ses compétences et d'en retirer une fierté dynamisante.

Ces deux postures peuvent paraître s'opposer. Mais elles peuvent se compléter et s'enrichir à condition qu'elles soient toutes deux au profit du collectif.

D'où vient le mot humilité : de « *humus* », terre, de garder les pieds sur terre et d'être conscient de ses forces et ses faiblesses. D'accepter de revenir sur terre avant que quelqu'un ne le fasse pour vous !

L'humilité est une forme de lucidité, une meilleure connaissance de soi et une acceptation de ce que l'on est.

Le manager, le leader, l'entrepreneur lucide, c'est-à-dire humble, pourra s'ouvrir aux autres et saura reconnaître chacun à sa juste valeur. Il pourra demander de l'aide.

Cette posture est extrêmement utile dans les organisations, car elle apporte du lien, de la sensibilité, de la reconnaissance individuelle et montre l'exemple à l'ensemble des équipes. Elle favorise la prise de responsabilité et engendre la performance.

La qualité d'humilité peut s'apprendre !

Dialoguez, communiquez, créez le lien plus que jamais.

Utilisez toutes les occasions et tous les moyens pour communiquer et dialoguer : réunions, journal interne, repas, café… Multipliez par deux vos prises de parole et mettez-y de votre personne.

Montrez à vos équipes qu'elles ne sont pas seules. Vous êtes dans le même bateau et vous ferez ce chemin ensemble !

Le mot de l'experte, Evelyne Chabrot
Inspirée du témoignage **de Laurent Cluzel**

Maintenir un dialogue permanent en temps de crise.

En période de crise, la communication reste l'acte principal à développer afin de garder le contact avec l'ensemble des strates de l'entreprise.

Cela permet aux managers d'occuper pleinement leur rôle, d'informer sur ce qu'il se passe et de partager sur la démarche de l'entreprise.

Durant la crise que nous traversons, il faut se rendre encore plus disponible pour rassurer, répondre aux questions et débloquer les situations. Cela demande une communication générale et sur-mesure, en fonction des étapes et des besoins. Préserver le lien, même à distance, c'est souhaitable. La priorité des priorités repose sur le temps accordé à l'humain afin que les équipes ne se sentent pas trop isolées derrière leur écran. C'est ce qui permettra de renforcer « l'esprit de corps » ou d'appartenance pour chacun.

On voit se développer, pendant les crises, l'entraide, la bienveillance, l'écoute, le respect : tout cela contribue à développer la confiance réciproque entre les managers et leurs collaborateurs.

Profitons de cette période pour innover dans nos rituels managériaux et déployons le plus d'attentions possible pour garder nos talents pour l'après-crise.

Place à l'action et aux projets !

L'incertitude est immense. Ne laissez pas de place à la résignation et au découragement. Plus que jamais, fédérez autour de projets, encouragez les innovations et les explorations. Même si seulement un petit nombre des projets engagés se révèleront une vraie réponse aux défis de demain, ils pourront faire la différence. Tous les autres vous auront permis d'apprendre, de créer l'émulation, de maintenir l'engagement.

Débriefez et *rétrospectivez* !

Débriefez tout et dans l'immédiat, apprenez **de** chaque moment et **à** chaque moment. Puis, avec plus de recul, opérez une rétrospective, tant pour vous que pour vos collaborateurs.

Profitez de cette période pour réfléchir, tester et élargir votre horizon !

Vous avez dit incertitude ? C'est le terrain idéal pour tester et se laisser convaincre par les méthodes et les approches agiles, créatives et collaboratives venues du monde de l'innovation et des start-ups. N'oubliez pas, l'incertitude, c'est leur terreau, et les méthodes qu'elles emploient ont fait leurs preuves dans le monde entier et dans tous les secteurs. Encore faut-il les accepter avec tout ce qu'elles représentent.

Elles demandent un minimum de méthode et de maîtrise (on peut s'y former !).

Dans la pratique, elles exigent de changer de paradigme : eh oui, vous devriez laisser de côté un tas de certitudes acquises et accepter de faire les choses « à l'envers », et c'est un changement culturel souvent plus dur qu'on ne le pense.

En tout cas, il semblerait bien que ce soient ces méthodes et approches les plus à même de vous aider à naviguer dans les prochaines années. Alors, lancez-vous et faites ce qui les fonde toutes : « *test & learn* » !

Partie II :

Les leaders racontent

Témoignages de leaders interviewés

Romain BARAT

Ancien officier de l'Armée de terre,
forces spéciales

Short bio

Né en 1974, j'ai un papa gendarme et une maman enseignante, et j'ai fait une scolarité classique. Mon bac C en poche, je voulais réaliser le rêve du petit gamin ayant trop regardé *Top Gun* : devenir pilote de chasse !

Or, après les premiers tests réussis, je n'ai pas pu franchir les étapes suivantes et ce fut un vrai effondrement. J'ai dû me poser la question de ce que je voulais faire dans ma vie, même si je ne pouvais réaliser mon rêve.

Comme j'étais un garçon qui aimait la nature, les espaces, l'extérieur et l'environnement, je me suis orienté vers les études de biologie, cela m'a conduit vers le niveau licence, pendant laquelle j'ai dû effectuer mon service militaire. Ayant anticipé l'étape de la conscription, j'avais réalisé plusieurs préparations militaires me permettant d'accéder au rang d'officier. J'avais la volonté d'apprendre des choses, de m'enrichir de cette étape. Ce fut une révélation pour moi.

J'ai découvert que le job d'un « chef » militaire, c'était de diriger, d'encadrer des hommes, et qu'au fond, tout tournait autour de l'humain. Je me suis tout de suite senti en phase et parfaitement à l'aise avec cette mission et ses défis des relations humaines.

On m'a ensuite proposé de rester au sein de la défense en qualité de pilote d'hélicoptère. Au-delà de l'aspect technique et tactique, cela m'apportait la synergie de l'équipage, mais aussi au sein d'une patrouille, d'une escadrille, d'un régiment : ce que l'on appelle l'esprit de corps, la cohésion. J'ai commandé une unité dans le soutien du régiment avant d'avoir l'opportunité de rentrer dans les forces spéciales, en BOI : bureau opérations instructions, le système nerveux central ! On m'y a affecté à la branche formation (encore une spécialité très RH et relations humaines !) et je suis devenu référent sur différents segments comme le tir, les langues ou les risques (nucléaires, bactériologiques, chimiques...).

En rentrant en 2018 d'une opération extérieure en Syrie-Irak, je devais décider du renouvellement de mon contrat. Le contrat proposé n'allait pas au bout de ma carrière.

Cela me posait bien sûr des questions matérielles, mais aussi de mission. Si j'étais parfaitement épanoui dans les forces spéciales, je savais que d'autres affectations probablement moins passionnantes pouvaient m'attendre.

Il y avait aussi des questions plus personnelles. J'avais vu et vécu des choses compliquées, et à certains moments, heureusement très rares, j'ai pu éprouver des doutes et des interrogations sur ma place dans un système où tout ne semblait pas juste ou justifié. Je souhaitais ne plus avoir à vivre ces moments où le soldat que j'étais devait passer devant la personne et les convictions de l'homme que je suis.

Enfin, point très important, j'ai trois enfants. Ma fille aînée est trisomique et mon dernier enfant est encore petit. Je voulais être plus présent pour ma famille, mes enfants.

Toutes ces considérations m'ont conduit à engager une reconversion dans la vie civile.

Je conçois ainsi ma vie comme une construction permanente, un émerveillement, une ouverture et des apprentissages de tous les moments.

Je suis aujourd'hui au tournant d'une nouvelle aventure professionnelle, mais ce n'est qu'une de plus dans une succession de vies professionnelles multiples.

Pour ma nouvelle orientation professionnelle, je voulais proposer mes compétences managériales au sein de groupes, d'ONG ou encore de sociétés de sécurité. À chaque fois, on me proposait des postes à l'étranger, alors que je ne voulais plus rester éloigné de ma famille.

Mais pour avoir un poste de manager dans une entreprise lambda, mon profil de manager, même « aguerri », manquait d'une spécialité, d'un marqueur, d'une spécificité technique. Il y a peu de postes sur secteur restreint pour les managers généralistes de mon âge.

Ce constat m'a conduit vers un bilan individuel de compétences. J'ai acquis une meilleure connaissance de ce que je suis et qui je suis. J'ai ainsi pu m'orienter vers une spécialité en qualité, hygiène, sécurité et environnement (QHSE), que je lierais volontiers aux enjeux de responsabilité sociale et sociétale (RSE). Ce qui me passionne reste avant tout l'humain.

L'étape la plus marquante dans mon parcours

L'étape la plus révélatrice et marquante était la prise de **commandement** d'une unité de **200 personnes.**

Ce commandement requiert la capacité de **s'investir dans l'humain, la relation**, sans laisser de côté les directives, le cadre formel et réglementaire, les processus et la technique. Parfois, on doit faire des choix et on se trompe. Quand les décisions sont trop techniques, au détriment de l'humain, quand la confiance n'est pas assez construite, ça pèche !

La dimension humaine du chef militaire est essentielle. Il est **au service de ses équipes** et pas l'inverse. Son métier, c'est de préparer les troupes, s'assurer, garantir qu'ils sachent faire, gérer, accomplir leurs tâches, leurs métiers, même dans des conditions extrêmes et imprévues. C'est une préparation et un accompagnement physique, psychologique et intellectuel.

Cette responsabilité de commandement m'a révélé à quel point le fondement de la conduite des hommes, c'est la relation, l'humain, au-delà de l'expertise technique.

Il en est de même pour la **résilience** des individus et du collectif. Ce n'est pas une expertise, pas un savoir, mais une posture, une façon de faire, de réagir, d'agir ensemble et d'interagir.

C'est pourquoi je passais un temps fou à **recevoir** ou à aller **voir** les gens, à les **écouter**.

Le dialogue et l'écoute étaient une partie essentielle de mon job. Et dans les échanges, il fallait surtout ne pas parler exclusivement du travail.

Pour construire la **confiance**, il faut aussi s'intéresser à la personne, à sa famille, ses soucis, ses projets. Avoir de l'attention pour les autres, dans ce qu'ils sont professionnellement et personnellement, c'est les valoriser et les reconnaître. Aborder les problèmes, les soucis et les peurs, c'est essentiel pour les gérer et les dépasser.

C'est encore plus vrai dans la crise et dans toutes les situations extrêmes. Laisser chacun parler de ses peurs, c'est déjà les maîtriser. Pour nous, militaires, c'est très important. Être courageux, ce n'est pas ne pas avoir peur, mais **gérer sa peur**. Le manager doit aussi **se dévoiler** et donner ainsi l'exemple.

Il y a des grands patrons et managers célèbres qui vantent les **bienfaits de la machine à café** pour la cohésion des équipes et la performance de l'entreprise, et c'est tellement vrai.

Mon leadership

Je me conçois à la fois comme **leader** et comme **manager**, et je pense que **les deux sont nécessaires** et **complémentaires**.

Le **leader** est celui qui **donne envie** et qui assure **l'adhésion** en donnant le cap. Il garantit la cohésion entre les équipes, car il rappelle en permanence les finalités communes, la raison d'être. Il fait en sorte que les autres désirent mettre en œuvre. C'est un communicant de tous les instants qui cultive l'intelligence collective. Il agit sur **l'affect** et **l'émotionnel.**

Le **manager** est celui qui fait en sorte que les choses se déploient, se déroulent de façon **coordonnée** et **organisée**. Il garantit la **mise en œuvre**. Il établit les routines de travail, les processus, les objectifs opérationnels, le cadre. Il sécurise. Il agit sur **les repères** et **l'organisationnel.**

J'ai toujours perçu l'absolue nécessité de ces deux ressorts : leadership et management, et l'exigence pour les dirigeants d'allier et de bien doser les deux.

Le challenge réside clairement dans la capacité de leadership des chefs.
Le management s'apprend. C'est à la portée de tous les gens dotés de bon sens, capables d'assimiler et d'apprendre.

Alors que le **leadership**, c'est plus compliqué. Ça ne s'apprend pas, **ça s'acquiert** et **ça se travaille.** Et il faut le remettre en question en permanence. Pour être un bon leader, il faut se nourrir d'échecs et d'erreurs, voilà ce qui est difficile, laborieux et éprouvant !

Le leader doit **aller au-delà de sa zone de confort.** Il doit aller au bout des choses et repousser ses limites.

C'est ainsi que l'on nous entraîne à l'armée, et c'est transposable dans le civil.

Mon monde VUCA a commencé...

... dans le **quotidien du militaire.** L'incertitude et la volatilité sont notre contexte normal, et c'est encore plus le cas dans les forces spéciales. Nous évoluons dans des contextes particulièrement vulnérables, explosifs à tout moment.

L'une de mes missions dans les forces spéciales, c'était de fournir, en amont des opérations extérieures, une vue globale des environnements humains de la zone d'intervention. Car le plus important, c'était de tenter d'anticiper les interactions et les interrelations, toujours liées aux contextes et interdépendances humaines.

Dans un monde aussi VUCA que celui des forces spéciales, les capacités de leadership du chef, sa **compréhension de l'humain** sont autant primordiales que les compétences managériales...

La crise avant-COVID qui m'a le plus appris...

... était ma mission en Syrie.

J'ai vu des choses terribles, épouvantables, dans la difficulté et la dureté. Quand on arrive à Raqqa, même en militaire aguerri, on a le souffle coupé par tant de désolation et de dévastation, auxquelles peuvent s'ajouter les effluves de cadavres.

Voir des choses **atroces**, ça se **gère**, mais **pas tout seul.**

Dans l'armée, nous avons appris dès les opérations dans les Balkans dans les années 90, et encore plus en Afghanistan, que les ravages psychologiques des soldats doivent être autant prévenus et soignés que les blessures physiques.

Une opération extérieure, c'est au moins 4 mois de situation de crise permanente et de situation hautement difficile.

La gestion précoce des traumatismes psychologiques est devenue un réflexe.

Après chaque mission, nous procédons à un double débriefing.

Un premier d'ordre **technique**. *Ce qu'il s'est passé.* Cela permet déjà de poser les choses et de chercher les pistes d'amélioration.

Le deuxième est d'ordre **émotionnel**. *Comment on l'a vécu.* Pour faire en sorte que les équipes se livrent, le chef doit lui aussi se livrer. Et détecter celui ou celle qui a du mal à mettre les mots et qui aurait peut-être besoin d'un accompagnement plus individualisé.

Le débriefing émotionnel de l'équipe est fondamental. Cela permet de laisser retomber la tension, de renforcer aussi la cohésion, de se ressourcer, de s'entraider. Chacun constate qu'il n'est **pas seul** avec ses peurs, ses bouleversements, ses questionnements.

Le renforcement de la résilience des troupes passe donc par la libération de la parole ; le rôle du chef, c'est d'être ce **libérateur de la parole**. Mais pour y parvenir, il doit avoir construit la confiance en amont. Cela passe par l'intérêt porté à autrui. Si on ne connait pas la situation de la personne, ce qui la passionne, ce qui compte pour elle, ce qui la tracasse, elle ne se livrera pas. Nous avons tous besoin d'un sentiment de confiance pour nous ouvrir et avancer. Le général de Villiers le rappelait récemment : « Un bon leader, c'est un absorbateur de stress et un générateur de sérénité. »

Mais il n'y a pas que la question du dialogue et de la confiance qui doivent se construire avec les équipes. Il a aussi les partenaires, les alliés, les parties prenantes.

J'étais amené à communiquer beaucoup avec les Kurdes qui participaient à la coalition alors même qu'ils avaient été oppressés par le régime syrien.

J'ai pu **gagner leur confiance** en **m'intéressant à eux**, en dialoguant, en parlant de ce qu'ils étaient, des **valeurs** qui les portaient. **Partager** autour de nos cultures réciproques nous a permis de nous ouvrir, de construire une confiance réciproque, même si nous n'étions pas d'accord sur tout. Une fois de plus, j'ai pu constater que le **dialogue** et **l'écoute ouvrent des portes**. J'ai pu accéder à tous leurs chefs, leurs « leaders ». J'ai appris énormément de choses sur leur façon d'être ancrés dans leurs valeurs et traditions ancestrales, tout en construisant des approches sociétales à la pointe de la modernité.

Ces Kurdes m'ont impressionné. Au milieu de l'apocalypse, dans un pays ravagé psychiquement et physiquement, encore menacé par Daesh, qui n'est pas un ennemi, mais un monstre qui n'a plus rien d'humain... dans cette catastrophe absolue, ces Kurdes ont décidé de se saisir de l'opportunité de défendre leur liberté et leurs valeurs. Ils portent un projet de reconstruction qui est bien plus que cela, c'est un **projet social et sociétal**. Toutes leurs institutions sont bicéphales et **paritaires**. Un homme, une femme. Leur approche est totalement **inclusive** et ils travaillent le **lien social, la proximité**. Ils portent une proposition de gouvernance dont les organisations et entreprises les plus modernes pourraient s'inspirer.

Leur capacité à **rebondir**, à **ne rien lâcher**, à se **relever** et **porter haut leurs valeurs**, en dépit d'un dénuement le plus absolu, cela m'a bouleversé et profondément marqué. Quel **exemple de résilience** !

La COVID & moi/nous

La COVID m'a **affecté socialement,** car je n'étais déjà plus avec mes camarades et collaborateurs militaires. Ensuite, j'ai été frappé par la façon très **anxiogène** qu'employait l'État pour gérer cette crise.

Toute la communication tournait autour de décomptes macabres, au détriment d'une communication résiliente et rassurante.

Les détails techniques donnés en abondance n'ont fait que semer et aggraver les confusions ; l'absence de cap et de prise de hauteur a nourri une forme de panique et de découragement.

Leaders de demain, quels challenges ?

Le défi majeur du manager d'aujourd'hui et de demain sera de **changer de posture**.

Il va falloir définitivement sortir du micro-management, du contrôle, de la distanciation hiérar-chique. Il faudra savoir mobiliser (les compétences, les idées), structurer (la cohésion), associer, responsabiliser...

Les managers-leaders de demain devront enfin **sortir de leurs bureaux,** ne plus être des suiveurs de dossiers, mais des **cultivateurs de relations humaines.**

Attention au digital : si les outils du travail digital sont une chance et une opportunité, ils ne doivent pas se substituer aux liens et à la rencontre réelle. Avec le digital, on peut vite être tenté de ne plus aller voir l'autre là où il est et le risque de perdre en proximité et en confiance est réel.

Quelques conseils concrets :

- Passez chaque jour un temps important avec vos équipes.
- Assurez-vous de passer plus de temps avec des gens qu'avec des dossiers. Mais être présent ne veut pas dire intrusif.
- Laissez une large autonomie à vos équipes, ne donnez pas des directives trop opérationnelles. Ne contrôlez pas le comment, posez des questions ouvertes, demandez l'avis aux gens !
- Passez voir vos collaborateurs là où ils sont, voyez-les sur leur lieu de travail, intéressez-vous à ce qu'ils font et comment ils le vivent.
- Faites participer, collaborer, vivez des expériences ensemble, et surtout, acceptez le droit à l'erreur (ce qui fait grandir, enrichir l'expérience).

Mes mots d'ordre

Confiance, engagement, curiosité !
Il faut croire en l'autre, en l'avenir ; faire le maximum avec ce que l'on a, avec les autres ; être curieux de tout.

France BURGY

Directrice générale du Centre National de la Fonction publique territoriale (CNFPT)

Short bio

J'ai un parcours atypique. J'ai commencé par une carrière de vétérinaire. Diplômée en 1984, j'ai travaillé en libéral, puis pour l'État et les collectivités locales, ce qui m'a d'abord amenée à intervenir dans les abattoirs, puis en laboratoire. Je suis ensuite passée de la santé publique aux politiques publiques au sens plus large, de l'agriculture et de l'environnement vers l'aménagement. Je dois beaucoup dans mon parcours aux rencontres qui m'ont permis de passer d'une aventure à l'autre. Pour autant, jeune femme, dans le monde de l'administration avec mon diplôme de vétérinaire... je n'étais pas dans la norme, je plafonnais. J'ai alors décidé de faire une rupture pour obtenir un master 2 en finances et évaluation des politiques publiques. Avec ce « bon » diplôme en poche, c'était plus facile : le monde de l'administration en France est rassuré par les profils « certifiés » financiers et gestionnaires. Cela s'est immédiatement vérifié, puisque j'ai eu aussitôt des propositions très intéressantes. J'ai ainsi pu accéder à des postes de dirigeant en grande collectivité jusqu'à devenir directrice générale de la région de Normandie. Suite à une alternance politique, j'ai pris la tête d'une agence de développement économique, et ce fut une belle respiration. J'accompagnais personnellement des projets concrets, avec de superbes partenaires dans la société civile.

Quand on est venu me chercher pour me confier la direction générale du CNFPT, j'ai hésité. J'aimais ce que je faisais, je m'épanouissais réellement dans mes fonctions au plus près des acteurs de terrain et du développement économique. Mais les métiers et les enjeux du CNFPT étaient séduisants : la formation, la montée en compétence de 2 millions d'agents publics territoriaux en ces temps de mutations profondes, au plus près du terrain, c'est d'un potentiel énorme. Alors j'ai accepté, et je ne le regrette pas.

L'étape la plus marquante dans mon parcours

Quand j'étais jeune vétérinaire.

Je sortais d'un milieu favorisé, j'avais fait des études poussées, j'étais sur une trajectoire facile. Je n'avais pas choisi vétérinaire par intérêt pour les animaux. Dans ma famille, tout le monde avait fait médecine. Alors je voulais me démarquer un peu ; à l'époque, les femmes n'étaient pas très nombreuses. À 23 ans, avec ma queue de cheval et mes joues fraîches, l'accueil dans les fermes et les abattoirs était parfois goguenard... Dans les abattoirs, je côtoyais des hommes fatigués, qui coupaient mécaniquement des têtes à la chaîne, ou des femmes qui vidaient des poulets. Ils ne faisaient que ça chaque jour depuis 4 heures du matin. Dans les fermes, je rencontrais des agriculteurs qui n'avaient jamais vu un médecin pour eux-mêmes et qui se soignaient avec les traitements pour animaux. Toutes ces personnes travaillaient dur et ne gagnaient pas grand-chose...

Je faisais un beau métier, mais la condition des gens que je voyais m'interpellait et m'a sans doute tournée **vers l'intérêt général,** et l'envie de participer à l'intervention publique.

Mon leadership

Je me vois comme un **entraîneur**, un leader qui **fait bouger** les **collectifs de travail.**

Il y a 10 ans, au moment de quitter un poste, un élu pour mon discours de départ m'a beaucoup touchée, il a dit : « Vous conduisez vos équipes comme un **premier de cordée.** Vous plantez les pitons toujours un peu plus haut, et chaque membre de l'équipe avance en **confiance.** Chacun sait qu'il peut trébucher car il ne tombera pas, il sera retenu et trouvera ensuite une autre prise. »

Il est vrai que ce qui m'intéresse, c'est d'embarquer, ne jamais s'arrêter, quitte à se tromper, chercher toujours un peu **plus haut**, chacun à son rythme.

Je considère qu'il est de mon devoir de laisser chacun trouver sa place, s'il le veut. Avec le temps et l'expérience, je deviens de plus en **plus rétive à la contrainte**. Je pense que l'on va beaucoup plus loin si le leader se concentre sur le « *où* » et que chacun puisse trouver son « *comment* ».

Ce n'est pas une recette miracle, mais cela donne de l'autonomie aux équipes et les responsabilise, à condition qu'elles sachent et veuillent s'en saisir.

Mon monde VUCA a commencé...

... avec la crise économique et sociale de 2008. Dans la collectivité, on était sur un programme de mandat, une feuille de route à appliquer, un programme construit pour quelques années. Mais la crise nous montrait que **la réponse politique et administrative n'était pas assez agile pour faire face.** Depuis ce moment, on a été confronté de plus en plus aux besoins du terrain, à l'exigence d'une autre forme de démocratie, plus participative, où les parties prenantes peuvent peser directement, rapidement, efficacement. Mais cette question de démocratie participative et de l'agilité de l'action publique est complexe, parfois imprévisible. Et dans nos administrations, on n'est pas formé aux risques, aux erreurs, même les petits, **on n'aime pas l'imprévisible,** on est à l'aise avec la planification et la continuité. L'administration déteste devoir agir en réaction et peine à co-construire avec l'usager.

Or, le citoyen est aujourd'hui plus que jamais conscient et exigeant. Il dit savoir ce qu'il faut pour la cité, il se fait de plus en plus entendre et il n'accepte plus que l'on réfléchisse à sa place.

L'administration est très attachée au temps long. Alors que l'accélération des mutations, **le changement radical de l'échelle temps** interrogent fondamentalement les pratiques administratives.

Et quand ça interroge les pratiques, **ça bouleverse les équipes**.

Vous ne pouvez pas y imposer une transformation radicale et systémique. Il faut avancer par l'expérimentation. À petite échelle, pas à pas. **Convaincre** et **essaimer** par le **résultat**. Mais aussi garder le rythme, car la société change très vite et elle ne peut pas nous attendre !

Mon plus grand défi dans ce monde VUCA, c'est d'amener des méthodes agiles au sein de notre machinerie administrative. Et avec **l'agilité,** la **culture de l'échec**. Faire comprendre qu'il est OK de dire : « Nous faisons ce que nous pouvons. » Passer de l'ambition et de la prétention de l'excellence à l'humilité du pragmatisme et du concret.

C'est au leader de donner l'autorisation de se tromper et d'avancer par itération et non selon un plan.

La crise avant-COVID qui m'a le plus appris

Honnêtement, je n'ai pas le souvenir d'avoir été confrontée personnellement à une crise professionnelle qui frappe de plein fouet mes propres équipes. Pas une seule! Peut-être le monde administratif est-il trop feutré, trop sécurisé? Ou est-ce mon penchant à ne pas considérer les difficultés, les étapes désagréables comme des crises? J'ai des souvenirs de moments ou de surprises désagréables. En tant que femme, par exemple. Quand vous êtes dans les étages dirigeantes des administrations publiques, les femmes se font rares. Et l'ambiance y est encore souvent très machiste. On m'a plus souvent prise pour une collaboratrice que pour une directrice générale... Cela pousse à s'imposer et surtout à s'appuyer sur des équipes soudées.

C'est plutôt le détonateur d'une crise sociétale qui m'a le plus marquée. Plus qu'une crise, c'était plutôt le sentiment d'**un échec collectif.** Après les attentats de Charlie Hebdo et du Bataclan, les communautarismes au sein des équipes de la collectivité se sont faits jour, tout comme les discriminations. Dans les cuisines des lycées, les situations étaient très tendues. Et pendant les minutes de silence, on a eu des sifflements, des refus. J'ai vu les **clivages** s'installer. Et nous, responsables et décideurs, managers ou politiques, on était tous **impuissants**. J'ai alors tenté d'y répondre en laissant libre cours à l'expression, à la parole. Mais le résultat était mitigé. On n'est pas sorti de cette crise avec des solutions, **nous n'avons pas appris,** le problème n'est pas réglé.

Parfois, quand on laisse la plaie ouverte, sans chercher les causes et les remèdes, elle ne cicatrise pas toute seule. Elle pourrait encore s'infecter.

La COVID & moi/nous

Au CNFPT, nous avons pris la COVID de **plein fouet** ; pour nous, c'est une **lame de fond**. La formation continue des adultes en mode distanciel était encore limitée, et les employeurs publics, réticents. De même, nos méthodes pédagogiques participatives ont été mises à mal par la distance, et aujourd'hui par les mesures sanitaires drastiques.

Même si on faisait déjà du distanciel, notre cœur de métier, ce sont les agents de catégorie C de la fonction publique, les non-cadres de toutes les collectivités locales françaises. Ils sont ainsi nombreux à n'avoir même pas d'adresse e-mail professionnelle !

Nous avons su très vite basculer en distanciel tout ce qui était basculable en l'état. Et les résultats ont été bons : plus de 170 000 agents territoriaux ont fréquenté nos webinaires. Mais en 2020, nous sommes très loin du million de « stagiaires » que nous aurions pu accueillir en temps normal, même si nous avons pu reprendre nos formations en présentiel.

Et, soyons réalistes, parmi les webinaristes, il y a peu d'agents de catégorie C.

Le gap entre les **cadres** et les **non-cadres** s'est non seulement vérifié pour nos « clients-usagers », mais aussi en interne.

On est très présents et donc très éclatés sur le territoire, c'est l'un de nos atouts. Nos cadres savaient déjà travailler à distance. Ils se sont adaptés très vite, comme les non-cadres administratifs qui ont été remarquables. Mais tous les agents qui assurent la gestion et la logistique du présentiel, l'accueil des stagiaires, la préparation des salles, le suivi des déplacements, etc., étaient sans activité, c'était très difficile pour eux.

Quand vous avez d'un côté les uns qui « surtravaillent », et d'autre part les autres qui ne peuvent pas aider, pas contribuer, c'est très frustrant, parfois vexant pour les uns comme pour les autres. Et c'est une énorme difficulté managériale.

Un autre souci, c'est **l'inégalité** professionnelle révélée par l'inégalité des situations personnelles. D'un point de vue de **l'égalité des sexes,** le confinement nous a montré que la société est encore en **défaut** sur ce point. La situation des mères de famille a été très difficile. J'ai vu évidemment aussi des papas en grande difficulté pour jongler entre l'école à la maison, le télétravail et le reste. Mais cette double, voire triple charge a été très majoritairement supportée par les mamans. J'ai vu des salariées qui ont craqué. Elles voulaient y arriver, mais c'était impossible. Cet épisode a été épuisant pour certaines d'entre elles.

Avec la crise qui dure, nous restons très vigilants sur la santé des collaborateurs : mon adjointe a eu l'excellente idée de créer un baromètre social que nous avons mis en place depuis le début du confinement et qui est régulièrement alimenté. Étonnamment, les premiers indicateurs étaient particulièrement positifs. Ceci probablement grâce aux efforts que nous avions déployés pour garder le lien et même le développer davantage. **L'intensification** de la **communication** interne a été notre priorité.

Parmi d'autres moyens, j'ai par exemple écrit personnellement tous les 15 jours à tous les salariés. Je parlais de « *où on en est* » et « *comment on va s'y prendre* ». À chaque fois, j'y mettais la **reconnaissance de la difficulté** et l'intérêt à ce que chacun vivait personnellement.

Avec le déconfinement, le baromètre nous a remonté des indicateurs de motivation en hausse, grâce à une forme d'intensification du lien et de la cohésion, mais aussi le plaisir de se retrouver. Dans le même temps, avant l'été, la fatigue était grande, alors que le travail devant nous était plus important que jamais.

Après un **travail de deuil** jusqu'à l'été, je sens aujourd'hui une **réelle acceptation de la situation.** Pendant le 1er confinement, nombreux étaient ceux qui pouvaient encore être dans une forme de déni. Avec le retour au bureau, on voit physiquement que **le monde a changé.** Les gens portent des masques, nos pratiques ont changé, les objectifs aussi. Ce qui est arrivé ne sera pas une parenthèse.

Mon rôle est **d'accompagner les équipes dans la transition** : d'une situation perdue et vers l'acceptation que le monde, notre travail et leurs métiers seront durablement impactés et transformés. Nous avons commencé par y former les managers. À eux d'abord de comprendre, puis de diffuser le message que l'on ne va pas revenir en arrière.

La **résilience** commence par **l'acceptation** de ce qui est.

Nous avons consacré tout le mois de juin 2020 à gérer la réadaptation et l'acceptation. Pour nous comme pour nos « clients-usagers », les « stagiaires ». On a davantage investi dans la création de communautés en ligne qui fonctionnent très bien. J'ai aussi décidé que notre démarche serait très **progressive**. Nous ne pouvons pas accueillir physiquement dans les nouvelles conditions nos « stagiaires » si nos propres salariés et formateurs ne sont pas prêts.

À la rentrée de septembre, nous ne pouvions accueillir physiquement qu'à peine 50 % des effectifs habituels. On devait donc totalement **réinventer notre modèle** et nos métiers avec.

Les formations en ligne que nous savions déjà faire avant étaient adaptées au monde d'avant.

C'étaient des contenus à la demande, que chacun pouvait suivre à son rythme. Ils complétaient l'offre « classique ». Ils n'avaient pas vocation à développer des liens et des communautés qui normalement se créaient lors des formations en présentiel.

Désormais, l'offre en ligne doit remplacer de larges pans des programmes présentiels.

Et on assiste à un véritable plébiscite de l'offre en ligne « synchrone », c'est-à-dire les webinaires, etc., où le formateur et les participants se connectent et échangent en même temps, en direct.

Pourquoi ? Parce que cette participation « synchrone » peut créer la communauté et les liens, même en l'absence de rencontre physique. Et quand on s'inscrit à une formation, on ne vient pas que chercher des contenus. On veut aussi une communauté de pairs, un réseau, des échanges.

Le « distanciel synchrone » permet ceci. Or, c'est plus compliqué à gérer pour les professionnels ; il ne suffit pas d'enregistrer des cours. Cela demande des compétences et des postures particulières, des approches pédagogiques et des techniques d'animation spécifiques. Cela **change le métier** de formateur !

Nous devons désormais **massivement former** nos propres **formateurs**. C'est un énorme challenge.

Jusqu'à maintenant, je pense que l'on n'a perdu personne. Ce qui nous a permis de tenir ?

- La **communication** ;
- La **transparence**, y compris quant à notre propre incertitude, car même si je suis la DG, je ne sais pas lire dans le marc de café ;
- La **gestion attentive du deuil** ;
- Le soin et l'attention portés à l'autre, et ainsi la culture et le développement des **liens**.

Leaders de demain, quels challenges ?

Une chose est sûre, les leaders de demain seront attendus sur leurs **postures** et leurs **attitudes**.

Le plus grand challenge sera de **se débarrasser de ses certitudes** et d'accepter de toujours tout ré-interroger, en commençant par ses propres pratiques.

J'aime bien raconter cette petite fable du jeune homme qui grimpe au premier plongeoir de la piscine. Il fait un joli saut bien réussi. Tout content de lui, il s'attaque à un plongeoir plus haut. Il saute, fait une belle pirouette et, à la sortie de l'eau, tout le monde l'applaudit. Grisé par ses propres prouesses, il s'attaque au plus haut des plongeoirs et fait une magnifique figure dans l'air. Mais pour ce dernier saut, il n'avait pas vu qu'il n'y avait plus d'eau dans la piscine.

Morale de l'histoire : les réussites font prendre la grosse tête, et la grosse tête vous berce de certitudes. Ça peut vous être fatal.

Mais se réinterroger en permanence n'est pas confortable. Il faut pour cela disposer d'une forte **résilience intérieure**, personnelle. Il faut vérifier, cultiver et développer son équilibre, et soigner son équilibre personnel. Si vous avez appris à bien marcher sur vos deux pieds, sans avoir négligé l'un des deux, vous pourrez marcher sur un seul si le contexte l'exige.

Mes recommandations concrètes à l'adresse des leaders :

- Ne parlez pas qu'aux COMEX/CODIR.
- Recherchez les feedbacks de terrain.
- Demandez à votre équipe rapprochée de vous contredire, cela vous sécurisera !
- Racontez ce que vous faites à quelqu'un qui n'y connaît rien, il va décaler le regard et décontextualiser la situation, c'est extrêmement précieux.
- Avant d'avoir raison, vérifiez que c'est bien le cas.

Mon petit truc

Quand j'ai une décision difficile à prendre, je pose la question à mon **meilleur contradicteur** : **mon mari** !

Laurent CHOUKROUN

Cofondateur – CEO de Synergie Family

La bio épopée...

Je suis un enfant de la classe moyenne. L'histoire de ma famille a été faite de grandes migrations, celles où il s'agit de tout quitter un jour pour reconstruire ailleurs. C'est ainsi que mes grands-parents, ayant vécu en Afrique du Nord, ont donné vie respectivement à ma mère en Algérie et à mon papa né au Maroc. Tous deux sont arrivés très jeunes en France avec leurs nombreux frères et sœurs.

Très tôt, j'avais l'exemple entrepreneur de mon père, un artisan ayant créé sa propre entreprise, très bosseur. Prêt à tout pour offrir le meilleur à sa famille. Ma mère est l'incarnation même de la maman juive : attentionnée, bienveillante, sensible, parfois culpabilisante, mais toujours présente.

J'ai d'abord grandi en fils unique, mes sœurs sont arrivées plus tard, quand j'ai eu 8 ans pour Audrey, 10 ans pour Céline. Mais le cocon familial était ce qu'il y avait de plus important, et la famille élargie était vraiment nombreuse. J'ai tellement de cousins et de cousines que je ne les ai jamais vraiment comptés. Tout ce que je sais, c'est que la famille a joué un rôle essentiel dans ma vision du monde, et dans mon existence.

J'étais un gamin choyé à la maison et dans la famille et peu enclin à quitter mon cocon pour l'école. L'école, c'était tout le contraire de la maison, et ce dès la maternelle. Peu de bienveillance, peu de valorisation, un cadre contraignant et vide de sens à mes yeux. Petit, je pleurais tous les jours en allant à la maternelle. Mes parents s'en souviennent encore. Je crois pouvoir dire aujourd'hui, que je n'ai jamais réellement trouvé ma place à l'école, ce fut une expérience que j'aurais souhaitée moins douloureuse.

Je travaillais à cette époque uniquement pour faire plaisir à mes parents. Et ils se donnaient du mal pour m'aider, pour m'encourager. Mais même avec du soutien scolaire, je ne décollais pas. Pourtant, j'adorais apprendre, j'étais un enfant curieux qui s'intéressait à tout. Mon grand-père maternel m'avait donné le goût des livres, de la lecture. Je passais des heures avec lui à discuter, faire des mots croisés, regarder aussi les dessins animés qu'il m'enregistrait sur son vieux VHS. Des moments magiques qui ont nourri mon enfance.

Mais au collège, les choses se compliquaient. En 4ᵉ, je devenais la pire version de moi-même. Plus j'échouais, plus je rentrais dans un cercle infernal, je ne faisais même plus d'efforts, car j'avais le sentiment que chaque effort que je faisais démontrait encore davantage mes incompétences, mes manques d'intelligence.

J'étais vite repéré comme un micro-délinquant de la classe. Au lycée, j'ai redoublé ma seconde, et si mes parents n'avaient pas insisté, je n'aurais certainement pas tenu jusqu'au bac. J'ai négocié avec eux de me laisser l'obtenir à ma manière : en y allant le moins possible, en y mettant le moins possible. C'était déjà un effort monstrueux pour moi. Mais je l'ai quand même obtenu.

Juste avant de passer le bac, j'avais commencé à faire du sport, le taekwondo. Et j'ai passé mon BAFA, un vrai diplôme, tiens ! Ce fut comme une révélation : je pouvais être valorisé. Le regard que portaient les autres sur moi changeait mon propre regard sur qui j'étais, sur mes potentiels, mes talents. Le sport et l'animation m'ont transformé, je devenais une personne grandie et responsable.

Ce n'est que bien plus tard que je comprendrai la puissance de l'effet Pygmalion : le regard, l'encouragement, la confiance que te donne ton professeur, ton mentor, un proche... peut te changer la vie !

Je m'investissais et m'éclatais tellement dans le sport et l'animation que j'ai été repéré par un club de taekwondo, qui me proposa un CDI. Je n'en revenais pas : j'étais payé, un vrai salaire, pour faire simplement ce que j'adore faire, avec des gens que j'aimais et que j'appréciais. Incroyable. De plus, j'y passais mes diplômes !

Certes, mes parents, qui espéraient de grandes études pour moi, étaient traumatisés. Mais ils ont compris que les études et moi, ça faisait deux, et ils m'ont malgré tout toujours soutenu.

Une fois que j'étais bien installé dans ce tout nouveau et jeune bonheur professionnel, je sentais vite que je ne pouvais pas en rester là. Le risque était de ne plus grandir. Alors, à tout juste 21 ans, j'ai démissionné de ce job où tout allait parfaitement bien et j'ai créé mon propre club à Marseille. J'ai aussi passé mon BAFD, le diplôme aux fonctions de directeur. Ce qui m'a permis de partir sur des camps itinérants à l'étranger, avec des groupes de jeunes à qui je faisais découvrir des pays que je ne connaissais pas. C'est une expérience entrepreneuriale très concrète et complète : t'as toutes les contraintes, le budget, tu dois tout anticiper, construire, négocier… l'hébergement, le programme, le plus souvent en langue étrangère. Et puis, il y a la gestion des crises. C'est pas si facile de devoir appeler un papa depuis les États-Unis et lui expliquer qu'on a fait prendre la pilule du lendemain à sa gamine de 15 ans, parce qu'elle a couché avec un petit camarade la veille. Pas plus que de gérer les sorties du cadre des ados, ou des animateurs, à des milliers de kilomètres de chez soi. Même avec toutes ces contraintes, ta mission est de faire de ces camps une expérience géniale pour les gamins et de les faire grandir, c'est un beau challenge.

C'est aussi cette aventure qui m'a permis de rencontrer Frank Tortel, celui qui plus tard deviendrait mon acolyte, celui avec qui tout a démarré. Celui à qui je dois tant, et celui qui près de 20 ans plus tard est toujours à mes côtés dans chacune de mes aventures entrepreneuriales.

Vers 23 ans, j'ai été repéré par la Fédération nationale de taekwondo. Ils me trouvaient pas trop mauvais pour ce que je faisais dans les quartiers de Marseille. Je commençais à y être subventionné par le public et à me démarquer avec une approche un peu différente. La fédé me demande de devenir l'un de leurs formateurs, c'est le Graal ! En 5 ans, tu passes de cancre à modèle ! Et ce n'est pas tout. On me demande ensuite de prendre la responsabilité du département formation. Enfin, on me demande aussi de passer un concours du ministère des Sports, ce qui permet d'être cadre salarié de l'État, mis à disposition de la fédé. Mais ce concours, ça me disait rien. Je n'en voulais pas, la fonction publique traumatisait le garçon indiscipliné que j'étais, rentrer dans les cadres, rendre des comptes à une administration. Je me l'imaginais comme une mort lente, comme une petite tombe. Une tombe dorée et douillette, certes, mais une tombe quand même. En plus, un concours ! Tout ce que je déteste, rentrer dans les cases, répondre à des exigences formatées. On n'imagine même pas à quel point la matière que l'on doit bosser pour ces concours est souvent sans aucun lien avec la réalité et les besoins des métiers auxquels ils donnent accès. Ça interroge sur la pertinence de notre système de formation des élites.

J'ai échoué plusieurs fois et j'ai mis 3 ans pour avoir ce concours, que j'obtins finalement en 2009. Surtout, je me suis fait la promesse que je quitterais la fonction publique dès que je m'y ennuierais et ne me sentirais plus à ma place, que je ne succomberais pas au confort de l'emploi garanti.

En 2008, soit juste quelques mois avant d'obtenir ce concours, avec mon ami Frank, nous avions envie de créer un projet ensemble. Notre passion commune pour le sport et l'animation a donné vie à Synergie Sport Sud. C'était juste une petite association sportive dans un quartier. Un tout petit truc, une asso qui vivotait et avait du mal à payer ses charges. C'était du pur bénévolat, une envie forte de partager nos passions et de répondre à notre façon à des enjeux de société.

Notre vision était simple. Le sport est un formidable prétexte pour permettre à des gens de vivre une aventure collective, ludique, émotionnelle, et donc forcément éducative.

Quelques années plus tard, j'ai investi parallèlement dans une salle de sport. Un truc génial d'un point de vue apprentissage et expérience entrepreneuriale, mais un vrai flop financier.

Un jour de 2014, la ville de Marseille a appelé Synergie Family. Elle avait besoin de nous, « vite, trouvez-nous quelques animateurs pour le périscolaire ».

Avec Frank, on est épuisés, y compris financièrement, on veut répondre non. On ne rentre pas dans nos frais avec l'association, elle nous coûte de l'argent. Et on est fatigués des prises de tête avec certains acteurs publics. Ces gens voulaient nous imposer des contraintes absconses qui, à notre sens, étaient terriblement éloignées des besoins et de la réalité du terrain. On avait une salariée, Marjorie, c'était pour elle qu'on tenait encore, on ne pouvait pas la lâcher. Je dis à Frank de refuser ou de faire une proposition un peu au-dessus du prix du marché, comme ça, on ne sera pas retenus. Mais ils nous ont pris.

Notre offre était claire : on se refuse à faire comme les autres, à se contenter de reproduire ce qui se fait déjà. On veut développer notre vision éducative dans ce champ périscolaire en se démarquant des acteurs traditionnels du secteur. On ne fait pas de la garderie, on vient avec des gens passionnés, avec de vrais talents et une énorme envie de les partager. Et on était capables de mobiliser et de dénicher ces talents, notre réseau et connaissance du terrain, mais aussi notre créativité, nous rendent agiles et efficaces.

Alors, la ville de Marseille nous demandait toujours plus. D'abord 10, puis 20, puis 40 animateurs… ! On grandissait tellement vite, mais pour chaque projet, chaque nouvelle activité, on se remettait en question, on challengeait notre plus-value.

Ensuite, la ville nous a laissé une école, et on a répondu à un vrai premier marché public. C'est là qu'on se prend de plein fouet la rigueur administrative. Mais c'est aussi le grand tournant, on commence à se structurer, on crée une fonction RH. Avec Frank, de bénévoles on bascule salariés, et à partir de là, je ne fais plus que cela : développer Synergie Family.

On remporte d'autres marchés autour de l'ingénierie sociale et on grandit. En deux ans, on passe de 2 à 10, 30, 40, puis 250, ça va tellement vite qu'on n'a pas le temps de prendre du recul.

C'est à cette période que je rencontre Stéphanie Milcent, dans une formation de coach professionnel. Par un hasard, que je salue encore aujourd'hui, Stéphanie est venue s'asseoir à mes côtés. La connexion s'est faite très vite, et à la première occasion, je lui ai demandé de venir nous aider au sein de Synergie Family qui grandissait déjà très vite. Son parcours, sa personnalité, sa bienveillance en ont fait très vite un précieux atout dans la structure qui commençait à se dessiner.

Stéphanie est rapidement devenue l'un des piliers de cette famille qui grandissait.

Début 2017, avec les élections présidentielles qui s'annoncent, on voit poindre la menace de la réforme des rythmes scolaires. Elle remet en question tout notre modèle éco et surtout condamne une partie des emplois et des compétences que nous avions développées.

Pour ne pas être dépendant d'une décision politique, on anticipe, on comprend qu'on doit se diversifier. On avait de l'envie, de la passion, des idées, on décide donc de répondre à un appel d'offres pour opérer les Maisons pour Tous de la ville de Marseille. Nous sommes retenus pour 5 d'entre elles, sur 23. Les structures concurrentes sont tous les très gros, les historiques, comme Léo Lagrange, la Ligue de l'enseignement, l'IFAC. Elles sont en général implantées dans toute la France et ont un enracinement et donc un lobbying fort auprès des élus locaux.

Nous, on incarne une nouvelle approche, une nouvelle idée, une nouvelle vérité. Et c'est comme le disait Schopenhauer : une vérité, au début, est ridiculisée. Puis elle se mue en danger et est fortement contestée, avant de s'imposer comme une évidence.

Alors, à ce stade-là, on est passé de ridicule à dangereux. On fait de la concurrence. On a grappillé des parts de marchés et on a sonné le début de la fin de situations de rente installées depuis des décennies. Alors tous se liguent pour nous faire barrage.

On devient les méchants, les capitalistes qui s'enrichissent avec les défavorisés, on est des faux « sociaux »… On se fait agresser, harceler par les autres structures et par certains institutionnels qui défendent leurs protégés historiques. On devient les gens à abattre.

Comme pour toute nouvelle activité en forte croissance, les premières années, la rentabilité n'est pas au rendez-vous. Puis, avec la diabolisation qu'on subit, on perd des marchés. Quand on perd le périscolaire, notre activité la plus structurante, on est au bord du gouffre. Avec Frank, on doit se résoudre à licencier. Alors on commence par nous-mêmes.

On est alors en 2018, je suis au chômage, et s'ensuit une crise familiale qui m'amènera à divorcer.

À ce moment-là, nous réunissons nos équipes, nous sommes en crise, mais on doit y croire. À l'extérieur, on doit donner une force qu'on n'a pas toujours à l'intérieur de nous-même.

Même non-salariés, on continue à s'impliquer bénévolement, comme si on était toujours les dirigeants. Ça reste entièrement notre bébé, notre raison d'être.

Malgré cela, on fait des *move* pas « raisonnables », on n'écoute que notre intuition.

Comme recruter de nouveaux profils à haut potentiel. Par exemple Naïm. Un type fabuleux qui est passé de décrocheur scolaire à spécialiste du droit des affaires. Il dealait les gros contrats chez Airbus. Il a quitté sa place dorée chez Airbus pour rejoindre Synergie Family au moment où on va le plus mal. Aujourd'hui, c'est l'un de nos deux DGA qui a permis à Synergie Family d'*upgrader* qualitativement dans de nombreux domaines.

Et moi, je décide de faire une Exécutive MBA à HEC, en y claquant le peu d'argent qu'il reste. Le but est de se remettre en question, de challenger nos certitudes, de créer un nouveau réseau, de réfléchir et grandir et d'imaginer de nouveaux débouchés pour Synergie Family.

J'arrive à HEC avec énormément d'appréhension. Je suis intimidé, j'ai le sentiment d'être un imposteur, je me demande si je ne vais pas abandonner. Un chômeur à HEC ! Ça, je ne le dis à personne. Je dois continuer à faire rêver pour porter notre vision alors que je suis au plus bas.

Avec un peu de temps, les doutes se dissipent peu à peu. Je commence ici aussi à trouver une place. Je me rends compte qu'ici, nombre de mes collègues de promo semblent également bien intimidés. Nombre d'entre eux sont brillants, ont fait de belles études, ont d'importantes responsabilités dans de belles entreprises ou de grands groupes, et pourtant s'ennuient terriblement. Ils cherchent du sens à la tâche, mais sont souvent freinés, car certains ont beaucoup à perdre. Ils ont souvent des parcours linéaires, tout réussi depuis tout petit. Quand on n'a jamais échoué, l'échec est une menace terrible, car on ne sait pas si on est résilient.

Et seuls les échecs obligent à prendre des décisions difficiles, des choix lourds. Quand on a déjà échoué, on est mieux armé.

Moi j'étais ultra familier avec l'incertitude, à devoir m'adapter et vivre avec des risques. Ce profil de l'entrepreneur, on était finalement assez peu à y être familiers. Mais j'ai tant appris là-bas, il y avait des camarades de promo vraiment fabuleux ! Et puis, cette année à HEC a été l'occasion de rencontrer de nouveaux copains de jeu, associés aujourd'hui à l'aventure Synergie Family.

HEC fut une merveilleuse expérience qui a permis d'upgrader à titre personnel, professionnel, et surtout encore une fois l'occasion de faire des rencontres tellement inspirantes.

Après, les choses s'enchaînent. On se retrouve dans une réunion improbable à Lille, on remporte un dispositif en consortium avec des partenaires inédits, on se repositionne sur le marché périscolaire à Marseille, on est retenus. En quelques mois, on rentre un prévisionnel de près de 8 millions d'euros, dont autant de possibilités d'accueillir de nouveaux profils, de nouvelles compétences pour encore plus d'impact. On rallume la machine. Avec HEC, j'avais compris qu'il fallait investir la fonction de financement, alors qu'avant, on n'y avait pas pensé. Alors, on s'y est mis. On a levé 5 millions, et ce n'est pas fini, tout un art pour une association ! Une association normale, ça ne lève pas de fonds. Nous, on n'est pas une association normale. On est une start-up sociale, une association qui fonctionne comme une entreprise innovante et agile, en forte croissance, en se focalisant sur la valeur qu'elle apporte à son «client» final : les gamins et tous ceux que nous accompagnons.

Comment on lève des fonds quand on est une asso ? La promesse faite aux financeurs est la même que pour une entreprise : on doit faire rêver et on donne des gages de crédibilité pour que l'investissement, le rêve, puisse s'avérer réalisable, rentable, dégager du résultat, mais surtout de l'impact. Ensuite, l'investissement ne se traduit pas en parts de capital détenu, mais en dons et prêts à rembourser. Avec des bénéfices immatériels en plus. Parce que contribuer à changer la vie des gamins et des autres, rendre l'impossible possible, c'est un bénéfice énorme !

C'est cette formule qui nous permet d'embarquer toujours plus de partenaires dans l'aventure. On permet à des rêves de prendre vie et de voir le jour. C'est ainsi qu'on vient de monter notre nouveau bébé, l'Épopée, le village de l'innovation éducative à Marseille.

Aujourd'hui, on est dans une phase de croissance et de réussite folle. Cela ne veut pas dire qu'on ne serait plus vulnérable et fragile. Rien n'est stabilisé et définitivement gagné. Mais le moteur et l'envie, la confiance dans les équipes sont plus puissants que jamais. C'est une incroyable aventure humaine et on ne se donne aucune limite !

Mon leadership

Je n'ai rien d'un coach et je suis un piètre manager. **Je suis le porteur et le garant de la**

vision ! Pour le management et la gestion, je suis entouré de gens bien meilleurs que moi, des gens vraiment doués. Ma force, c'est juste d'être le porteur d'une vision puissante et de ce qu'on appelle chez Synergie Family l'*énergie pure.*

En tant qu'entrepreneur, tout comme je l'ai toujours été jeune ou en tant qu'homme, je suis très indiscipliné. D'autres apportent heureusement beaucoup plus de méthode, de sérénité. Moi, **je défriche**, les autres labourent et organisent. Je porte la vision, celle qui est non négociable.

Après, le plus important pour moi, pour nous, c'est le **collectif**, l'humain. Quand j'ai découvert *l'ikigai*, cette approche japonaise qui incite à faire concorder ses talents avec ses passions, les besoins du monde et ce pour quoi on est payé, j'ai tout de suite trouvé qu'il y manquait **l'aspect humain et collectif**. On devrait y ajouter la dimension affective et relationnelle : faire non seulement ce qu'on aime, mais le **faire avec et pour ceux qu'on aime !**

L'équipe, pour moi, c'est une vraie famille. Et je ne suis jamais seul. D'ailleurs, avec Franck, on est deux co-DG. On est très différents, très complémentaires, on peut avoir de vrais différends, souvent ne pas être d'accord. Mais entre nous, il y a une confiance et une affection infinies ; entre nous, c'est une vraie **histoire** !

L'étape la plus marquante dans mon parcours

Je suis en plein dans cette étape, c'est l'émergence de **l'Épopée**, le **village d'innovation éducative à Marseille** !

Début 2020, on cherche à s'agrandir. Il nous faut 1 000 m². On visite le site de Ricard, mais c'est 12 000 m² pour 12 millions d'euros au bas mot. Si tu es quelqu'un de normal et d'intelligent, tu ne vas pas plus loin, tu dois te dire que **c'est impossible**.

Mais nous, on s'est dit : ici, on est bien, et donc on va trouver, **on va y aller** ! Et c'est ce qu'on a dit à tout le monde : on va le faire ! Sans avoir aucune idée de comment on allait s'y prendre.

On appelle les amis, les investisseurs, je leur raconte cette **histoire totalement folle**. On va faire un village, on va mettre d'autres dedans avec nous, ensemble, ça va donner un **truc inédit**, du jamais vu ! Le projet est tellement gros et fou qu'il fait rêver. Et donc ça marche. C'est le rêve qui fait embarquer plus que le rationnel.

C'est là que tu prends conscience à quel point c'est puissant de **rêver grand** !

Mon monde VUCA a commencé…

Mon monde a toujours été VUCA !

Pour moi, tout a toujours été volatile et incertain, tout le temps… Pour Synergie Family, cela a commencé quand on a eu des salariés. Quand tu as de la **responsabilité pour d'autres**, le risque et l'incertitude deviennent lourds de sens. L'incertitude pour toi tout seul ne pèse pas bien lourd.

La prise de conscience de notre responsabilité dans un contexte profondément VUCA m'a amené à forger et **clarifier la vision, les repères non**

négociables. Mais c'est très récent. Avant, on n'avait pas le temps, pas le recul pour se poser et structurer tout ce qui émergeait de façon plutôt intuitive et affective. Mais cette clarification nous permet aujourd'hui de nourrir et de solidifier la vision et les valeurs qu'elle porte.

Le monde VUCA qui nous entoure permet aussi de révéler la nécessité des **intelligences différentes**, celles qui ne rentrent pas dans le cadre. J'ai compris aujourd'hui qu'être en dehors du cadre n'est pas une faiblesse. Je ne me cache plus comme étant « à côté » du cadre. J'affirme plutôt ma capacité à **dépasser**, voire à **exploser le cadre**. L'indiscipline permet de trouver de nouvelles solutions, de défricher de nouveaux champs, de se poser en prescripteur de l'avenir.

La crise avant-COVID qui m'a le plus appris

C'était l'année 2018, quand on a été diabolisés, puis perdu les marchés. Devoir **licencier**, passer de 250 salariés à 160, c'est très dur. La rapidité de la croissance initiale puis de la chute a rajouté au choc.

Pendant toute cette année, on se réunissait tous les mois et **on comptait les semaines à vivre.**

Dans le discours, il fallait s'accrocher, mais on n'y croyait pas toujours fort.

Frank tenait la boutique, moi j'étais à HEC, et parallèlement, je tentais de nous construire un nouvel avenir, sans aucune garantie que j'y trouverais ce que j'y cherchais. Mais je ne pouvais pas leur dire…

Cette année-là, vécue finalement assez loin des équipes, de Marseille, du terrain, fut une **prise de distance salutaire** pour me projeter, penser et avancer sans contrainte. Ma seule richesse était mon temps.

J'avançais dans une forme de brouillard, un épais nuage, dans une forme d'inconscience. Mais je n'ai jamais trop douté. J'avais très mal, mais ce n'étaient que des blessures, certes graves, douloureuses, mais pas de coup fatal. Je savais qu'on se relèverait. Même si je n'avais aucune idée de quand et comment.

Cela m'a fait prendre conscience de la **puissance de la résilience** : concentre-toi sur l'essentiel ! Dans un contexte où tout t'invite à perdre confiance, la résilience, c'est pouvoir se dire : reste concentré sur toi, tu sais gérer l'incertitude. La résilience, c'est la capacité à avoir très mal, sans que cela te plombe ni te décourage.

Plus que jamais, je me suis senti **entrepreneur et résilient**. Pour moi, les deux sont intimement liés !

Tout entrepreneur doit prendre des risques et passer par des échecs. **Sans échec, on ne devient pas résilient, et on ne devient pas performant** ! La résilience, c'est se concentrer sur les solutions et pas sur le problème, c'est changer de regard pour trouver les possibles quand tout te renvoie vers les impossibles. C'est en cela que l'échec nous grandit, nous rend meilleurs.

La COVID & moi/nous

Au « *lancement* » du COVID, on a lancé l'Épopée : ***viens, on s'en fout et on continue à faire rêver les gens.*** On a bâti un projet gigantesque, un projet fou, à distance, derrière nos écrans, en caleçon, avec nos bébés sur nos genoux.

C'est simple, c'est cela mon job, faire rêver quel que soit le contexte ! Mais surtout tous les matins se lever, et faire chaque jour un nouveau petit pas vers ce rêve pour lui permettre d'éclore.

Avec cet incroyable élan, le collectif a magnifiquement bien tenu.

Personnellement, **le confinement m'a fait du bien.** Passer des semaines entières à la maison avec ma femme et mes enfants, prendre plus de temps pour eux, c'était exceptionnel. J'ai davantage pris soin de moi aussi, cela m'a rendu plus efficace.

Mais à la sortie du confinement, j'ai inversé les choses, je suis reparti à 200 à l'heure. Puis j'ai eu une alerte à la maison, alors j'ai un peu calmé le rythme. J'ai encore gardé quelques bonnes habitudes prises du premier confinement et j'espère bien les conserver dans la durée.

Leaders de demain, quels challenges ?

Trois choses me semblent essentielles pour être un bon leader et un leader accompli :

> ➤ Faire **ce qu'on aime** faire et le faire bien.

➢ Le faire avec **les meilleurs** et **ceux** qu'on aime !

➢ Porter des projets à la hauteur de nos rêves, qui nous donnent envie chaque jour de donner le meilleur de nous-même.

Ces deux fondamentaux se retrouvent aussi dans les **7 clés de succès de Synergie Family :**

1. **Fais ce que tu aimes, fais-le à fond et fais-le bien.** Une vie ordinaire remplie de moments extraordinaires, chaque jour un pas de plus vers le rêve.

2. **La vision n'est pas négociable.** Développe ta capacité à créer des fictions, des rêves, et n'oublie pas que la vision est une fiction. Si elle fait rêver, elle peut rentrer dans les têtes et les cœurs. Cela créera l'engagement et cette incroyable envie de réaliser : passer du rêve à la réalité, de l'idée au concret, même si c'est chaque jour juste un petit pas ! C'est une histoire de détermination et de persévérance, mais plus le rêve est grand, plus il donne envie de s'accrocher. Les fictions trop réalistes ne font rêver personne, ne créent pas cet engagement qui déplace des montagnes.

3. **Recrute des gens meilleurs que toi.** Recrute ceux qui savent faire ce que tu n'as pas su faire et des gens que tu apprécies et affectionnes.

4. **Reste fou et affamé.** Reste curieux, ouvert, à la recherche de nouveaux horizons, garde la flamme d'un explorateur, ne te satisfais pas du confort et de la routine.

5.   **Regarde chacun au travers de ce qu'il a de mieux**. Crée l'effet Pygmalion pour décupler les potentiels de tes équipes.

6.   **Parce qu'on ne sait rien, on essaie tout !** Tant que tu n'as pas essayé, tu ne sais pas. Accepte le risque et l'échec, surtout ne jamais tuer une idée dans l'œuf.

7.   **N'oublie jamais la sagesse de la résilience** : ne pas chercher à changer ce que l'on ne peut changer, tout faire pour changer ce qui doit et peut l'être, et avoir la sagesse de distinguer entre les deux.

Ce qui me fait avancer

Le **pouvoir des rêves**, surtout quand ils sont **partagés**. Je dis toujours les choses avant même qu'elles soient réalité, même quand elles paraissent totalement hors de portée. C'est parce qu'ils sont dans ton esprit et suffisamment forts pour être partagés que les rêves deviennent envisageables. Et lorsqu'ils se déversent aussi dans les têtes et les cœurs des autres, ils prennent déjà une forme de réalité.

Laurent CLUZEL

Général de l'Armée de terre

Short bio

Officier des Troupes de Marine formé initialement à l'école spéciale militaire de Saint-Cyr, j'ai choisi très tôt de servir mon pays sous l'uniforme. Cette vocation s'est incarnée au fil d'un parcours à dominante opérationnelle, très ouvert sur le monde et notamment sur l'Afrique. Tout au long des années, j'ai eu l'honneur de servir sous les ordres de chefs exceptionnels et de me trouver moi-même à plusieurs reprises en situation de commandement – comme jeune lieutenant, comme capitaine commandant d'unité, comme colonel commandant un régiment et comme chef d'état-major.

L'étape la plus marquante dans mon parcours

Elles sont **nombreuses**, tant le métier des armes au service de la France s'avère formidablement riche en expériences, en découvertes, en relations humaines.

Sans doute est-il possible de souligner plus particulièrement les instants où l'on se retrouve **investi**

d'un commandement, selon un cérémonial sobre, clair, lors duquel chaque mot compte puissamment : « *Vous reconnaîtrez désormais pour votre chef le colonel X, ici présent, et vous lui obéirez en tout ce qu'il vous commandera pour le bien du service, l'exécution des règlements militaires, l'observation des lois et le succès des armes de la France.* » Face à la troupe qui présente les armes, tout est dit. Rétrospectivement, à l'aune des expériences de commandement et des situations vécues dans le feu de l'action – parfois, au sens littéral du terme – on mesure intimement la portée de chacun de ces mots.

Mon leadership

Comme le dit la formule précédente, il s'agit d'être *chef*.

Sans jamais oublier que si un chef commande, c'est **au service de tous** : d'une part, ceux qui lui ont donné sa mission ; et d'autre part, ceux qui lui ont été confiés. De part et d'autre, il y a une **confiance** à mériter.

Mon style de commandement s'avère sans doute imprégné du style propre aux Troupes de Marine, style dont ces troupes n'ont certainement pas l'exclusivité, mais qu'elles cultivent de longue date au sein de leurs unités : **professionnalisme** et faculté **d'adaptation** aux situations les plus insolites, **solidarité** basée sur des rapports humains simples et chaleureux entre frères d'armes, respect de l'autre. C'est l'esprit des troupes déployées aux avant-postes lointains. **Concentration** sur la mission, **sourire** dans l'exécution.

Mon monde VUCA a commencé...

Le monde est par essence **instable,** et pour nous, militaires, l'incertitude et les risques sont notre quotidien. La **crise sanitaire** a sans conteste **complexifié** les situations professionnelles. Dans le même temps, elle a souligné l'impératif de résilience. L'incertitude qu'elle génère et le risque qu'elle fait peser sur toute activité deviennent des **facteurs supplémentaires** à intégrer avec discernement, avant toute prise de décision. Sur le plan opérationnel, ce sont des éléments d'environnement à prendre en compte en planification comme en conduite, de sorte d'en limiter les effets induits pour ne pas compromettre la réalisation de la mission. L'analogie avec la prise en compte des facteurs météorologiques me semble assez naturelle.

La crise avant-COVID qui m'a le plus appris

Sans pouvoir trop détailler les évènements auxquels je pense, pour des raisons que l'on comprendra, je me rappelle avoir vu le visage d'une ville du cœur de l'Afrique changer en l'espace de quelques heures, pour s'enfoncer dans une **montée aux extrêmes d'une grande violence.** Je l'ai vu et senti, juste à temps pour prendre les dispositions qui convenaient.

J'ai alors assumé mes responsabilités d'officier, en m'appuyant sur la **solidité** et la **fraternité** d'une équipe de commandement avec laquelle je venais de vivre plusieurs mois **d'engagement intense.** J'ai également fait confiance à notre échelon de commandement du niveau stratégique, à Paris, qui m'écoutait avec attention en sachant ce que signifiait l'action en cours.

Dans l'absolu, **tout nous prépare** dans notre formation initiale et tout au long de notre parcours à savoir affronter ce type de situations. Le moment venu, on fait ce qu'on a à faire avec **concentration** et **simplicité.**

Mais dans ces moments décisifs, la **fraternité d'armes** n'est pas un vain mot ; **le culte de la mission** a un sens. C'est vrai pour le soldat mettant en œuvre son arme comme pour son chef qui apprécie la situation et donne des ordres en conséquence. **Les leviers sont en chacun de nous,** individuellement et collectivement. Les décrire plus avant pourrait sembler un peu pompeux, alors qu'il s'agit de liens profondément ancrés qui font la force de notre armée, des liens naturels, mais entretenus, inlassablement renforcés.

De cette crise, je garde une profonde conscience de trois éléments de vigilance :

- L'instant de vérité peut surgir à tout moment.
- Être prêt ; tout est là.
- Cela peut prendre une vie.

La COVID & moi/nous

Lorsque la crise de la COVID est apparue en Europe, je me trouvais déployé au Sahel, dans le cadre de l'opération Barkhane. Rapidement, nous l'avons appréhendée comme **un élément d'environnement à intégrer et surmonter** pour garantir la continuité des opérations. Certains traits propres à notre organisation comme à nos modes d'action nous y ont aidés : **dialogue permanent** entre le commandement et la chaîne du service de santé, **structure hiérarchisée** et **articulée** autour de **plusieurs composantes** (groupements, compagnies, sections, groupes de combat) **vivant** et **œuvrant ensemble, distanciation tactique** sur le terrain...

Cette crise accroît les incertitudes, mais **l'incertitude** est tout simplement une donnée d'entrée dans tous les champs de la conflictualité. Nous veillons à la limiter autant que possible par notre organisation, nos méthodes d'analyse et de planification, la capacité à l'encaisser, mais aussi à la générer vers nos adversaires afin de conserver l'ascendant.

Le chef d'état-major de l'Armée de terre nous a donné le cap à suivre au travers de sa vision stratégique, celui d'une armée durcie, prête à faire face aux chocs les plus rudes jusqu'à l'affrontement majeur et apte à emporter la décision.

Nous nous employons tous les jours à concrétiser cette ambition opérationnelle.

Et nous préparons déjà les **crises de demain**. Si nous ne le faisions pas, nous manquerions à notre devoir.

Tout en assurant nos engagements actuels, nous montons donc nos forces en gamme vers ce que nous appelons la **haute intensité**, avec notamment des capacités d'entraînement valorisées et durcies et le projet d'un **exercice de grande envergure**, articulé autour du système divisionnaire. C'est une démarche de longue haleine avec des volets **humains, opérationnels, capacitaires, budgé-taires**. Une véritable **œuvre collective**.

Leaders de demain, quels challenges ?

Dans le champ d'action des armées, il me semble que le plus grand défi, c'est **d'être prêt**.

C'est un défi permanent, structurant, stimulant, obligeant.

Je n'ai certainement pas de conseils à donner aux décideurs et aux grands dirigeants. Chacun les puise dans son **entourage**, son **équipe**, **l'héritage des anciens**, **l'observation** du monde. Tout est question de **discernement** et de **sens des responsa-bilités**.

Agir en homme de pensée et penser en homme d'action, selon la formule de Bergson.

Mon leitmotiv

Haut les cœurs !

Fabienne CORRUBLE

Fondatrice – CEO Actions & Territoires, Ancienne Directrice déléguée ENGIE Manche Mer du Nord Développement

Short bio

Je suis née en Normandie, à Dieppe, d'un papa normand et d'une maman aveyronnaise. Maman était institutrice et papa était courtier en lin, un vrai entrepreneur. J'ai donc très tôt connu le monde des entrepreneurs. Aînée de quatre filles, j'ai pris des responsabilités alors que j'étais encore très jeune. Dès l'âge de 12 ans, j'ai travaillé dans la graineterie de campagne de mon père.

J'aurais aimé faire une école de commerce, mais c'était financièrement impossible pour mes parents. J'ai alors opté pour un BTS commerce international, avec langues anglais et allemand, et je me suis très vite lancée dans la vie professionnelle. Côté formation supérieure, je me suis rattrapée plus tard. Un patron m'a d'abord financé un bac +3 à Neoma Business School, puis à 45 ans, j'ai pu faire un master en management stratégique, et j'ai adoré cela. D'ailleurs, je suis actuellement de nouveau en formation de 18 mois pour être médiateur en entreprise.

J'ai débuté ma carrière comme acheteur en industrie, puis responsable commercial grand compte, poste que j'ai beaucoup apprécié. Mon univers, c'était l'industrie, je me définis d'ailleurs toujours comme une « industrielle ».

Un jour, mon entreprise a voulu me muter à Paris, car c'est là qu'étaient les plus grands comptes. Mais il était hors de question pour moi de quitter la Normandie. J'ai préféré quitter l'industrie pour rejoindre l'univers des services en restant en Normandie. J'ai intégré le groupe Suez à Rouen, dans la branche environnement-déchets. C'est ainsi que j'ai découvert le monde des collectivités. J'ai pris très vite la responsabilité de tous les sites normands, avec leurs clients industriels et collectivités. J'avais de grandes responsabilités managériales et des crises RH à gérer, dont un accident mortel.

Ensuite, j'ai intégré la Lyonnaise des Eaux Haute-Normandie, sur un poste à périmètre plus large et avec toujours plus de responsabilités. À la fusion de GDF et Suez, on m'a proposé un poste tout juste créé : déléguée régionale du nouveau groupe fusionné pour toute la région. Il fallait marier les deux mondes, il y avait tout à faire. On m'a choisie pour mon ancienneté dans le groupe et pour ma double connaissance du monde des collectivités et des industriels. Je partais alors pour un nouveau cycle de 7/8 ans, c'est le temps moyen où je reste sur un poste.

Je découvre le gaz et les nouvelles énergies. Entre-temps, j'ai aussi eu à superviser les Hauts-de-France et la Basse-Normandie, en étant moi-même sur la Haute-Normandie.

En 2015, la fusion des régions Haute et Basse-Normandie se dessine, je me dis que cela sera un trop grand territoire pour moi. Sur un tel périmètre, j'ai imaginé que je ne ferais plus que de l'institutionnel et plus d'accompagnement business pour les patrons locaux d'Engie. Or, c'est les deux missions à la fois qui m'intéressent. J'adore mettre en connexion les personnes au bénéfice de leurs propres enjeux !

Je passe une journée en introspection avec une amie coach à Paris. En ressortant le soir, je sais que je dois me mettre à mon compte. Après 22 ans chez Suez et Engie et 30 ans de salariat.

J'ai réfléchi pendant 6 mois, j'ai monté ma société et j'ai quitté Engie. En septembre 2016, j'ai créé Actions & Territoires.

Tout le monde m'a prise pour une folle.

De plus, on pensait que les portes s'ouvraient à moi à cause de l'étiquette Engie. Mais j'ai découvert que, au contraire, beaucoup de clients avaient envie de me faire travailler parce que j'étais libérée de l'étiquette ENGIE...

Aujourd'hui, je travaille pour quelques collectivités sur des sujets qui touchent à l'écologie industrielle et à l'économie sociale et solidaire. Principalement, je travaille pour les entreprises qui veulent s'installer en Normandie ou pour celles qui y sont déjà, pour accompagner leurs nouveaux projets, leurs nouveaux business.

J'ai développé un outil de travail de veille que, sur le conseil de mes clients et amis, j'ai décidé d'ouvrir et de mettre à disposition plus largement : Normandie360°.

En 2021, je me lance dans l'activité de médiateure d'entreprise.

L'étape la plus marquante dans mon parcours

Je n'oublierai jamais cet **accident mortel** que j'ai eu à gérer à mes débuts chez Suez. Un ripeur tombe du marchepied sur la tête. Je suis informée directement par les gendarmes. Je suis **jeune**, **seule**, et **loin** du siège du groupe. Je me rends sur place. Tout de suite, je m'interroge : où a-t-on failli, a-t-on manqué d'attention et de vigilance ?

J'ai dû aller apprendre la nouvelle à l'épouse du défunt. Elle avait 30 ans et attendait un enfant.

On n'a su qu'après-coup que c'était une erreur individuelle humaine. Heureusement, l'enquête a été rapide et univoque. Mais en attendant, il fallait **rassurer** les équipes, leur faire comprendre que ce n'était pas nous qui l'avions mis en danger.

J'ai pris conscience encore plus qu'avant de l'importance des consignes de sécurité.

Par la suite, on intègre aussi que tant qu'il n'y a pas mort d'homme, il n'y a rien de grave. On revient aux **fondamentaux**.

Mon leadership

Je suis quelqu'un qui va **tirer** l'équipe. J'étais beaucoup dans le **partage** et la **recherche** de **solutions**, une forme de commencement de **manage-ment libéré**.

Je faisais des entretiens mi-annuels, pas seulement annuels, pour avoir plus de moments de recul.

Les équipes s'auto-évaluaient. On faisait un point d'étape et on redéfinissait si nécessaire les objectifs.

J'ai toujours été dans le **contact**, la **relation** et le **conseil.** Je voulais **être utile**, y compris pour mes collaborateurs. J'aimais donner du sens aussi au travers de mon obsession de la qualité de service. Cet **amour** du **service** et du **client** a guidé mon management et j'ai adoré former des équipes commerciales.

Mon monde VUCA a commencé...

... progressivement. La digitalisation est plutôt une **excellente chose** et les outils dont on dispose aujourd'hui m'ont manqué pendant très longtemps dans mes fonctions de responsable de centres de profit. Il y a 12 ans, dans l'exploitation, on était très peu outillés.

Aujourd'hui, j'ai une activité qui n'aurait pu voir le jour sans ces nouveaux outils et les nouveaux usages qui vont avec.

Avec tout cela, on devrait avoir tellement plus de temps à consacrer aux équipes et aux clients. Grâce au **digital**, on devrait être davantage disponible pour **l'humain** !

Enfin, toutes ces innovations m'ont facilité aussi ma vie de femme et de mère de famille. Quand on se déplace beaucoup, rester joignable pour les enfants, rester **en connexion**, c'est un gros plus !

La crise avant-COVID qui m'a le plus appris

J'ai eu à gérer une **pollution des eaux**, un déversement de produits chimiques. Comme pour l'accident mortel, j'étais encore une fois toute **seule**, me sentais **submergée**, et j'ai dû prendre des décisions, sans être appuyée par ma hiérarchie, comme gérer la presse et une cellule de crise, sans y avoir été préparée.

J'en ai retenu que nous devions davantage anticiper les risques, tracer les choses, plus de formation, encore mieux accompagner nos équipes.

Comme pour l'accident mortel, j'en suis devenue une **obsédée** de la **prévention**.

Sur un autre plan, j'ai aussi eu à gérer une **grève des ripeurs**, une grève nationale de trois semaines.

Les collectivités clientes politiquement à gauche sont venues soutenir les grévistes sur les piquets de grève, mais n'ont pas voulu payer le service non effectué pendant trois semaines…

Et je me souviens de ce grand **moment de solitude** : les entrepôts sont dans un cul-de-sac, on tente de sortir un véhicule, mais devant mes salariés, il y a un leader syndical qui m'invective et m'insulte, mes salariés le laissent faire, je ne réponds pas, ils s'en vont. Puis j'aperçois les renseignements généraux de la préfecture. Ils ne sont pas sortis de leur véhicule et ne m'ont pas aidée…

J'étais donc encore une fois seule, je n'avais pas grand monde sur qui m'appuyer. Les **tensions** étaient tellement fortes que je devais anticiper et me prémunir de situations extrêmes. J'ai dû prévoir de quoi me nourrir et des sacs de couchage dans ma voiture, car je redoutais une séquestration. Malgré cela, il ne fallait pas céder à la peur et à la panique.

J'ai compris que je pouvais **mieux résister** que d'autres, que j'étais en bonne santé, physique et mentale. Que j'étais une **résiliente** !

La COVID & moi/nous

Le confinement ne m'a pas dérangée. Travailler de chez moi était facile et habituel. Mais mes clients étaient totalement paniqués et tétanisés lors du premier confinement. Forcément, j'ai accusé d'une baisse d'activité, j'ai perdu 50 % de mon CA en 2020. Mais cela reprend plus fort maintenant, les **gros projets industriels** reprennent et **avancent** bien.

Les relations de travail ont beaucoup changé. Avant, je ne faisais jamais de visio. J'ai découvert que c'était possible et **efficace.** Mais c'est différent, c'est plus facile une visio quand on connaît ses interlocuteurs ; pour un premier contact, le RDV physique est plus approprié. Aujourd'hui, je gère mieux les déplacements, et donc mon agenda est **optimisé.**

Je pense que l'on va garder l'habitude de plus de distanciel, et nous réserver le présentiel pour davantage de moments de convivialité, de cohésion. On en aura besoin !

Leaders de demain, quels challenges ?

Je resterai sur quelques conseils assez simples, mais pas si évidents dans la pratique :

Sens et disponibilité. Donnez du sens aux équipes, et donnez-leur plus de temps aussi, collectivement et individuellement. Expliquez, soyez dans le dialogue, prenez le temps pour le faire.

Confiance. Autonomisez, responsabilisez, faites plus travailler en mode projets et expérimentations, écoutez vos équipes ! Écoutez leurs aspirations et propositions.

Rituels. Il faut toujours fêter les grandes et les petites choses, célébrer les étapes.

Fondamentaux. Faites déjà bien les entretiens annuels, ne les bâclez pas !

Ouverture. Croyez aux jeunes et encouragez-les à oser les choses différemment, par exemple être cadre sup à mi-temps et faire autre chose en freelance, ce sera enrichissant pour eux et pour vous ! Demandez aussi des rapports d'étonnement aux stagiaires et nouveaux arrivants, et travaillez dessus.

Mon motto

Mon leitmotiv, c'est d'être **utile** !

Cécile DE LASTEYRIE

Directrice Marketing-Commercial, PwC France

Short bio

J'ai eu une enfance multiculturelle. Élevée aux États-Unis, j'y ai reçu en héritage un positivisme très marqué, l'obsession du client, ainsi qu'une tolérance et ouverture aux autres.

Dans mon parcours, j'ai pas mal changé de job. J'ai commencé dans l'audit chez PwC, avant de me tourner vers le secteur banques et finance. Je trouvais la finance novatrice, mais avec des responsabilités toujours plus importantes, j'ai surtout découvert le management, le marketing et tout ce qui touche au client. Je me suis alors orientée vers le business développement pour pouvoir donner libre cours à mon *drive* management et commercial, avec une forte ouverture sur l'international, et j'ai trouvé ma voie. Après presque 20 ans passés sur des fonctions de responsable, puis de direction marketing dans la banque, j'ai retrouvé en 2019 PwC en tant que directrice Marketing-Commercial.

J'ai deux enfants et je suis fière d'avoir pu montrer que l'on peut mener de front une carrière exigeante et une vie familiale épanouie.

Dans ce parcours, je dois beaucoup à la chance que j'ai eue de travailler avec le directeur général de la Société Générale. Patron génial, il m'a fait grandir de 10 ans. Il est venu me chercher pour ma différence. Il a toujours respecté cette différence, m'a laissée la développer et ainsi m'épanouir. Cela n'a pas toujours été sans difficultés, mais c'était tellement « grandissant » !

L'étape la plus marquante dans mon parcours

Quand Dexia sombrait dans la tourmente de sa **crise de liquidités.** Quand du jour au lendemain, ton actionnaire principal fait tous les jours la une de tous les journaux, c'est très bouleversant.

Tu rentres dans une **zone d'incertitudes incroyable**. Tu ne sais pas vraiment ce qu'il se passe, tu ne peux pas très bien répondre aux clients, alors qu'ils te bombardent de coups de fil. **Difficile** aussi de **répondre** aux **équipes**. Et puis, il faut gérer tes propres doutes et peurs, mais tu ne dois pas les communiquer aux autres.

Mon leadership

Je me retrouve bien dans le terme de **leader**.

Pourquoi ? Parce que mon job, c'est de créer, de **générer l'adhésion**. Je ne suis pas dans le micro-management, je ne regarde pas comment font les équipes. Je donne le **cap**.

En revanche, je conçois mon rôle également dans **l'accompagnement** et dans **l'intrapreneuriat**, car on m'attend aussi sur des propositions et comme agent **d'innovation**.

Au quotidien, je pratique un management très **participatif** et **empathique**, je considère **être au service** de mes équipes et pas l'inverse. J'ai pour principe de traiter les gens comme je voudrais que l'on me traite moi.

Enfin, j'ai beaucoup d'énergie, et apparemment, c'est contagieux !

Mon monde VUCA a commencé...

... en 2008, avec la **crise de DEXIA**. Peut-être même un peu avant, car j'ai toujours regardé les autres secteurs, question de veille. J'ai alors vu ce qu'il se passait très tôt pour le *retail banking*, qui a connu des bouleversements bien plus tôt que le B2B, et cela s'est accéléré de façon spectaculaire. Le monde du *retail* s'est **révolutionné** depuis une dizaine d'années, des banques nouvelles sont nées dans le monde digital, les « anciennes » ont **innové à gogo**, et le monde des start-ups grouille de propositions et solutions pour le secteur.

La crise avant-COVID qui m'a le plus appris

... était toujours celle de DEXIA !

C'était de tous les instants. Il n'y avait pas que les gens de chez Dexia qui étaient concernés, tout le monde l'était un peu, tout le monde en était stressé. Même si tu montais dans le taxi avec ton étiquette Dexia, le chauffeur te regardait de travers ! Certains en blaguaient, riaient ; mais dans une telle crise, tous n'ont pas le même sens de l'humour...

Ma priorité, c'était de **rassurer les clients**. Mes clients à moi, c'étaient des directeurs financiers qui avaient eux-mêmes des comptes à rendre à leurs COMEX. Ils n'étaient pas bien. J'ai tâché d'être **hyper présente**, d'être tout le temps à **l'écoute** tout en restant **transparente**. Je n'attendais pas qu'ils m'appellent, je les appelais moi-même, très souvent. Je leur montrais que j'étais toujours là à me battre et tout faire pour pouvoir leur apporter les meilleures nouvelles possible.

Même combat avec les équipes. Je leur disais : « On est attendus pour **continuer** à **bien faire notre boulot**. Ne surtout pas baisser les bras et se laisser aller ! Notre professionnalisme et notre engagement ne feront pas tout, mais ils feront la **différence**. On est **dans le même bateau**, on va faire cette route ensemble. »

J'ai appris de cette crise à quel point il est important de reconnaître **qu'on ne sait pas tout**. Et à quel point il est crucial de le dire. Sans semer la panique.

Un juste équilibre à trouver : **partager ses doutes, mais pas ses peurs !**

Ce n'est pas si facile et cela exige de travailler sur soi, de soigner ses propres équilibres. C'est pourquoi je veille à mon **équilibre** vie professionnelle et personnelle, et aux **essentiels**. J'encourage les autres à faire de même : le sport, le sommeil, le ressourcement. Ces éléments, souvent négligés, sont essentiels à votre **performance** et permettent de **tenir** dans des situations de crise.

Cela commence par des petites règles toutes simples, mais fondamentales : **je n'envoie jamais d'e-mails le soir ou le week-end**, c'est une question de **respect** tant des collaborateurs que de moi-même !

Je me suis également mise au **sport**. Je l'ai fait tardivement, mais aujourd'hui, le fait de courir tous les matins, c'est devenu essentiel à mon équilibre. Je ne peux plus m'en passer.

La COVID & moi/nous

La COVID a accéléré ma propre transformation digitale au travail. Avant le confinement, je pensais déjà être assez au fait et à l'aise avec le télétravail. En réalité, il y avait plein d'outils simples et utiles que je ne connaissais pas. Cela m'a **décomplexée** quant à un recours plus intensif du travail à distance. J'ai découvert que la **distance** physique pouvait créer **une autre forme de proximité** et me faisait découvrir les autres **différemment**. Cela a même intensifié certains liens.

Plus largement, la COVID a aussi accéléré la transformation de PwC, alors même que c'était déjà une organisation très moderne.

Nous avions la chance de ne pas vivre un confinement à deux vitesses. Chez nous, tout le monde était au télétravail. Ce fut aussi une grande **leçon d'humilité**. Face à cette crise et l'incertitude qu'elle pose, nous sommes tous égaux.

En confinement, quand on demandait aux autres « Ça va ? », ce n'était pas une formule de politesse, mais une vraie question. J'espère que nous pourrons garder et cultiver cette **bienveillance** tout au long et même au-delà de la crise.

Leaders de demain, quels challenges ?

Parlons de femmes :
En tant que femme dans la finance, j'ai plutôt été une espèce rare. Souvent, j'étais même la seule ! Heureusement, c'était plutôt un avantage : on me mettait en avant.

J'ai pu aussi m'appuyer sur des « **sponsors** » et des **modèles** : d'abord ma grand-mère, qui m'a énormément encouragée et poussée, puis, lors de mes débuts chez PwC, les 4 associées femmes qui avaient toutes des enfants et me montraient ainsi que c'était possible.

Cela n'a pas empêché les déconvenues et surtout les **petites remarques sinistres** :

« Tu mettras une jolie robe et tu viendras faire une présentation ! », « On ne peut pas t'envoyer à l'étranger, tu as des enfants ! », ou encore : « Tu peux me ramasser les papiers que j'ai laissés sur la table ? ».

Mais je pense que ce sont avant tout **les femmes elles-mêmes** qui se mettent **encore trop de freins**.

Je conseille aux leaders de demain de relever le défi de la parité par celui de la **diversification** ! Cherchez les profils les plus diversifiés possibles : diversité de parcours, de culture, de sexe, diversité d'approches et de talents...

Je peux affirmer que j'ai habituellement les échanges les plus **constructifs** et **riches** avec des gens qui sont **très différents** de moi, qui n'ont pas le même parcours et qui ne fonctionnent pas du tout comme moi !
Deux autres exigences me semblent essentielles pour les leaders de demain : **l'écoute** et la **confiance**.

Pourquoi **l'écoute** ?
Parce que plus tu montes en grade, moins les gens te parlent. Ton statut les éloigne, et même si tu es ouvert et sympa, il les inhibe. C'est à toi d'aller vers eux, de redescendre et d'aller sur le terrain pour les écouter et faire en sorte qu'ils te parlent. Il ne suffit pas de juste garder sa porte ouverte.

Pourquoi la **confiance ?**
Parce que plus tu fais confiance aux gens, plus ils se révèlent. Et plus ils s'engagent. Si tes équipes savent que tu leur fais confiance, elles auront envie de te suivre.

Concrètement, pour favoriser l'écoute et créer la confiance, j'ai quelques trucs.

Je m'efforce à avoir régulièrement des temps sans ordre du jour : les « ***RDV page blanche*** », où l'on parle de tout sauf du business.

Je vais aussi de temps en temps dans les réunions des équipes. Je ne m'y place pas en position de manager, j'y suis juste pour écouter et m'imprégner des sujets du terrain.

Évidemment, ma porte est toujours ouverte, et si quelqu'un a besoin de me parler, c'est dans la journée ou au plus tard le lendemain. Il faut **dire que l'on est disponible** et surtout **l'être** !

Quand je dois faire une **annonce difficile**, je la prépare en me demandant comment je voudrais qu'on le fasse pour moi. C'est un principe de **bienveillance** qui paie.

Le plus important des conseils que j'ai à donner aux leaders de demain :

Assurez-vous **d'aimer ce que vous faites** et d'y éprouver un vrai **plaisir** ! Dès que le plaisir n'est plus au rendez-vous, **changez de boulot** !

Mon motto

« Ça va bien se passer ! »

Lucille DESJONQUERES

*Fondatrice et Présidente Leyders Associates,
Présidente International Women's Forum France*

Short bio

J'ai commencé ma carrière comme cheffe de produit, puis directrice marketing d'un laboratoire pharmaceutique spécialisé dans le medical device. J'ai ensuite intégré un groupe pharmaceutique de grande taille afin de construire en France et aux États-Unis des campagnes marketing grand public de grande envergure.

Ce challenge m'a enthousiasmée et j'ai immédiatement voulu le partager avec une équipe dont j'ai tout de suite mesuré la qualité. C'était sans compter sur une hiérarchie très « masculine » et totalement dépourvue d'humanisme.

N'ayant pas vocation à souffrir sur mon lieu de travail, psychologiquement et physiquement, j'ai préféré prendre la poudre d'escampette et saisir l'opportunité de rejoindre un cabinet RH pour y développer la practice « pharmaceutique ».

Ce fut un choix risqué mais bénéfique, car le monde du conseil m'a immédiatement épanouie.

Je me suis sentie très à l'aise dans ce nouveau métier de « chasse de tête » qui m'a pourtant éloignée des fonctions opérationnelles que j'affectionnais.

En quête de plus d'indépendance et de liberté, j'ai décidé de créer mon cabinet. C'est ainsi qu'en

2013, j'ai co-créé avec mon époux le cabinet Leyders Associates.

Fidèles à nos valeurs, nous avons souhaité mettre du sens dans notre quotidien, en sensibilisant nos clients à la diversité et la parité.

Nous étions au cœur de la loi Copé/Zimmermann qui impose 40 % de femmes au sein des conseils d'administration des sociétés cotées et SA non cotées. Nous voulions être des facilitateurs pour les entreprises assujetties à la législation en vigueur et auprès des postulantes. Nous avons créé un département baptisé « Femmes au cœur des Conseils », dédié à la féminisation des instances de direction et à la promotion des femmes.

Bref, nous avons créé un pont entre l'offre et la demande et l'avons fait savoir haut et fort par de nombreuses actions de communication.

Aujourd'hui, nous sommes le 1er cabinet français spécialisé en la matière, et cela reste une activité en plein essor. Pour autant, cela est tout sauf fluide, il nous faut aller chercher les mandats le mors aux dents. Nous avons vite compris qu'il ne suffisait pas de « sourcer » les femmes administratrices, mais qu'il fallait les former, les accompagner : il fallait créer le chemin avec elles ! C'est pourquoi nous avons décidé d'investir l'activité de formation, de mentoring et de coaching, c'est ce qui fait aujourd'hui la force du cabinet en complément de l'approche directe pour une population mixte.

En 2016, notre engagement a été repéré par IWF (International Women's Forum), un réseau international de femmes influentes.

Curieusement, la France n'était pas présente au sein de cette extraordinaire association et j'ai eu l'immense privilège de me voir confier la création et la présidence.

En acceptant ce nouveau défi, je n'avais pas mesuré le travail gigantesque que cela allait occasionner. Mais quelques années plus tard, je n'ai aucun regret, et si c'était à refaire, je rempilerais immédiatement.

Cette expérience « non-profit » me donne aujourd'hui une double casquette : exécutive et opérationnelle du côté du cabinet Leyders Associates, associative et lobbyiste du côté de l'IWF France.

L'étape la plus marquante dans mon parcours

Créer le programme « Femmes au cœur des conseils » en corrélation avec une présidence d'association de femmes ont certainement été les étapes les plus structurantes de mon parcours. Elles m'ont montré à quel point **l'engagement** et le **sens** d'une mission peuvent **donner des ailes** ! Jusque-là, j'étais plutôt une personnalité discrète, n'aimant pas me mettre en avant. Mais ces nouvelles missions exigeaient de moi de parler devant de grands auditoires ou d'aller interviewer des dirigeant(e)s emblématiques. Cela s'apparentait pour moi à **franchir des montagnes** ! Je l'ai pourtant fait, et ce fut finalement assez naturel. Pourquoi ? Parce que je ne le faisais pas pour moi, mais pour une cause, et cela change tout.

Mon leadership

Parmi les qualificatifs de leader, dirigeant, manager, entrepreneur... je retiendrais un peu tout ça, mais je suis probablement avant tout une **leader.** Mon job, c'est d'embarquer. Mais attention, je ne suis **rien sans mes équipes** !

Ma clé de réussite, c'est la **bienveillance**. Je pratique un leadership très consensuel et même **affectif**, cela ne m'empêche pas d'être exigeante. Mais quand on travaille 10 heures par jour, le pire serait de devoir le faire dans une ambiance pesante. On a tous à gagner de faire en sorte que le travail se fasse dans la **joie** et la **bonne humeur**, que ce soit sympa et humainement aussi stimulant que réconfortant.

Je résumerai cela à « **work & pleasure** ».

Mon monde VUCA a commencé...

... avec la digitalisation, mais en bien !

Pour les métiers du conseil et des services, cela nous **simplifie** la vie et **décuple** les **opportuni-**

tés ! Je vois en revanche que c'est bien plus compliqué pour les grandes organisations et l'industrie. Alors que ce nouveau monde du digital, avec ses mutations process, métiers et surtout d'usages devrait nous emmener vers des organisations et du management plus libérés, cela n'est pas du tout évident pour les grandes structures. Leur taille les rend complexes et demande plus de processus formalisés, ce qui permet de les gérer, mais les rigidifie également. Je suis très consciente de la grande difficulté que ces grandes organisations doivent affronter pour **marier** culture et besoin du **reporting** avec la nouvelle nécessité de donner plus **d'autonomie** et plus de **liberté** aux collaborateurs, essentielles à l'agilité et la résilience.

La crise avant-COVID qui m'a le plus appris

... était la crise de 2008 !

Cela a été terrible et très long. Les premiers touchés étaient les agences de communication et les cabinets RH. Ce fut donc évidemment une crise d'une violence inouïe. Comme d'autres, nous avons dû nous séparer de nombreux salariés.

Mais cela a aussi été une formidable occasion de se réinventer. On a dû concevoir notre activité en partant d'un **nouveau modèle**. Beaucoup moins lourd, avec moins de collaborateurs, moins de charges fixes, et davantage ancré dans un **réseau** de **partenaires**, mobilisables de façon **souple**.

Nous avons finalement gagné en **liberté** et en agilité.

Mais pour y arriver, il fallait y croire !

Cette étape m'a encore montré à quel point on ne supporte pas l'échec en France, et cela même quand ce dernier est exogène. Les Anglo-saxons ont la **culture de l'échec.** Ils apprécient les personnalités ayant connu de grosses crises, des faillites, des déboires. Ils savent qu'une personne qui veut continuer et encore y croire, malgré un licenciement ou un dépôt de bilan, est un **combattant**, un **résilient**, décidé à se dépasser davantage à réussir.

En France, même si c'est une crise conjoncturelle qui a tué votre business, même si la cause de votre faillite était largement extérieure, on vous renvoie l'image d'un *looser*, car vous aviez peut-être choisi le mauvais parcours, le mauvais secteur, etc. Cela n'encourage pas les parcours non conventionnels et inhibe l'entrepreneuriat, car il faut sacrément avoir confiance en soi pour se lancer dans des activités indépendantes.

J'ai dû moi-même me raisonner pour ne pas tomber dans cette contrainte mentale, qui m'aurait certainement interdit de me relancer. J'ai alors choisi la perspective anglo-saxonne, je me suis dit que je ne portais pas la responsabilité de la crise de 2008, mais qu'il était de ma responsabilité de **redémarrer autrement.** C'était la seule option. Et finalement, j'y ai gagné. Un nouveau modèle, un nouvel élan, une nouvelle liberté et de grands succès.

Un vieux proverbe chinois a souvent résonné en moi durant cette période : « **Ce n'est pas le but à atteindre qui est important, mais les moyens utilisés.** »

La COVID & moi/nous

La COVID nous a touchés aussi brutalement que tous les autres. Nous avons en revanche très vite compris qu'il y avait là aussi une opportunité.

Depuis quelque temps, notre équipe « formation » avait envisagé de concevoir un programme dédié aux femmes et hommes du niveau *middle management* afin de les faire monter en compétences. Le confinement nous a forcés à nous consacrer totalement à ce beau projet et à décliner tous les contenus en version digitale. On a ainsi eu un coup de **boost** inespéré. Et on a découvert qu'on était bien plus **créatifs** et **agiles** qu'on ne le croyait.

Je suis convaincue que le meilleur moyen de faire face à l'incertitude, c'est **l'action** face à des demandes du marché identifiées et récurrentes.

Les crises stigmatisent les mauvais fonctionnements qui vacillent à la moindre secousse.

À nous, cabinet RH, de faire preuve de programmes **innovants** parfaitement adaptés aux nouvelles organisations. Je dis souvent qu'il faut inventer et créer ce qui nous manque.

Plus largement, cette crise aura appris à la société, je l'espère, **la valeur des métiers du lien**

et du soin. C'est l'occasion idéale d'une forme de réconciliation de la société. Nous avons tous pris conscience de la nécessité de revaloriser les métiers sociaux depuis trop longtemps tapis dans l'ombre. Sans eux, tout s'effondre. Il se trouve que ce sont encore largement des métiers *féminins*.

Leaders de demain, quels challenges ?

Je vais rester fidèle à ma ligne directrice, mais croyez-moi, c'est une conviction intime : le vrai challenge reste encore la **parité** ! Que vous soyez leader homme ou femme, vous aurez à y travailler, car toutes les études le prouvent : mettez de la parité, et la performance sera au rendez-vous.

Mais n'accusons surtout pas tous les hommes. J'ai rencontré d'innombrables grands dirigeants vraiment engagés et authentiquement concernés par cette quête de parité et de diversité.

Le problème est aussi systémique et culturel. Les femmes sont les premières à devoir se prendre en main, et à sortir de leurs propres stéréotypes.

Dès le début de l'aventure Leyders Associates, j'ai été frappée d'une part par le niveau et l'excellence des parcours des femmes que je rencontrais, et d'autre part par leur **manque de confiance** en elles ! Et pourtant, elles géraient tout d'une main de maître avec souvent 3 ou 4 enfants.

L'une des clés se trouve d'ailleurs dans la vie privée. Toutes les femmes leaders que j'ai rencontrées fonctionnent dans un **modèle de vie familiale** parfaitement **contemporain** et **équilibré**. Si dans le couple, la répartition des tâches n'est pas véritablement et équitablement partagée, le parcours de la femme sera bridé. Le travail commence donc bien dans les foyers, et pas uniquement une fois la porte de l'entreprise franchie.

Ce que je leur conseille (aux femmes) :

-   Impliquez vos conjoints et appuyez-vous sur eux !
-   Usez et abusez de mentoring et de coaching… Ce sont des cadeaux précieux proposés par les entreprises.
-   Soyez **audacieuses**, osez sortir de votre zone de confort ! Cela ne sera pas toujours facile, parfois très dur, mais vous ne le regretterez pas.
-   Ne vous tuez pas à la tâche, **prenez soin de vous,** faites du sport, accordez-vous des moments qui vous permettent de vous retrouver sans culpabilité, détendez vos tensions avec des massages.
-   En bref, apprenez à **vous aimer** et à reconnaître vos valeurs.

Mon petit « truc »

Pour retrouver la sérénité et m'aider dans les décisions importantes :

La **spiritualité** est essentielle dans ma vie, car elle m'aide à rester alignée tout en lâchant prise sur les futilités.

Je me ressource dans la **méditation** et je fais de très **longues balades** dans la nature avec mes deux chiens, en écoutant de la musique, surtout classique.

Chose importante, j'ai un **réseau d'ami(e)s merveilleux et bienveillants**, qui m'offrent des parenthèses amicales essentielles à mon équilibre de vie.

Ma conclusion personnelle :

J'ai eu la chance d'être mariée à un homme exceptionnel pendant 25 ans. Depuis 2013, nous étions également associés, car c'est lui qui m'a embarquée à l'origine dans les RH.

Il a toujours cru en moi et m'a poussée par son amour et sa confiance à dépasser mes limites.

Je n'avais pas le droit de le décevoir et la vie lui a donné raison.

Les cieux ont eu la mauvaise idée de le rappeler pendant la COVID, pour lui faire vivre d'autres expériences, mais je le sens toujours présent et assidu à mes côtés. Il n'est pas question de faillir à ma mission, et encore moins de cesser mes engagements paritaires qui donnent un sens à mon existence.

Laurent DES PLACES

Associé KPMG, Head of Automotive, France

Short bio

Je suis associé de la branche française de KPMG, l'un des acteurs majeurs de l'audit et du conseil à travers le monde.

Mon expertise concerne trois secteurs qui sont aussi mes passions : l'aéronautique, l'industrie de défense et l'automobile. Et j'ai deux métiers au sein du cabinet : en tant que commissaire aux comptes, je vérifie les informations financières communiquées aux investisseurs par les grands groupes. En tant que dirigeant du cabinet et expert du secteur automobile, j'anime d'autre part un réseau d'associés investis sur ce secteur, je crée de la présence auprès de notre clientèle, j'incarne l'expertise de KPMG auprès de nos grands comptes. Le point commun entre ces actions est notre première mission : créer et favoriser la confiance indispensable à la vie économique.

J'ai fait un cursus d'études classique : classe prépa HEC, école de commerce, puis 16 mois comme aspirant dans la Marine nationale qui ont aussi fait partie de ma formation. Si je n'avais pas de plan de carrière, une connaissance s'est appliquée à m'expliquer tous les différents métiers qu'on pouvait envisager dans la finance, des activités de trading aux expertises techniques et juridiques les plus pointues. J'ai retenu l'audit comme point d'entrée parce qu'on me promettait une évolution rapide.

Je suis donc rentré chez KPMG en 1991 et j'y ai fait toute ma carrière.

Quand on rentre dans un cabinet d'audit, une progression naturelle et une sélection s'opèrent, mais on garde toujours un œil sur ce qu'il se passe à l'extérieur et il y a un turnover rapide des équipes. J'ai donc souvent été tenté de partir, comme tout le monde, mais à chaque fois, KPMG m'a proposé un nouveau challenge, une nouvelle marche à grimper, et cela m'a incité à rester. J'ai eu de la chance de grandir dans cette entreprise.

Pendant longtemps, nos cabinets ont eu une organisation un peu militaire, avec des grades, des promotions annuelles. J'ai donc suivi ce parcours linéaire qui me convenait et qui était classique à l'époque.

Comme je m'intéressais déjà à l'aéronautique et à l'automobile, j'ai construit mes choix et mon expérience progressivement. Pour commencer, j'ai réussi à convaincre les équipes qui s'occupaient d'Airbus que je pouvais leur apporter quelque chose, et j'ai finalement travaillé 10 ans pour ce client !

En tant que jeune auditeur, on gère des contrôles et des aspects très techniques, mais souvent en prise directe avec la direction et la gouvernance de l'entreprise cliente. Ainsi, j'ai été amené à travailler rapidement avec de grands dirigeants. L'audit est un incroyable poste d'observation de la stratégie et aussi une bonne école de la responsabilité.

Je suis un chanceux. Dans mon métier, j'ai trois sources de satisfaction et même d'épanouissement :

-    Tout d'abord, je travaille avec des équipes projet passionnantes.

-    Les missions que l'on me confie sont souvent palpitantes : motiver et donner du sens à des équipes réparties dans le monde entier, maîtriser la complexité d'une grande organisation, imaginer une feuille de route stratégique de la mobilité pour les 10 prochaines années ou dessiner une mobilité où l'on vend davantage des kilomètres que des voitures, c'est juste grisant !

-    Enfin, en tant qu'associé, je vis avec mes pairs comme au sein d'une communauté soudée. On se connaît bien, nos liens vont au-delà du professionnel et nous avons développé une très forte cohésion.

L'étape la plus marquante de mon parcours

Quand on m'a **nommé associé**, j'ai eu l'impression qu'une deuxième vie professionnelle commen-çait pour moi. Autant par les responsabilités nouvelles, le fait d'engager la signature du cabinet, que par la reconnaissance de mes pairs.

Mais comme tout expert engagé dans une mission de service, j'ai également été marqué par les **clients** pour lesquels j'ai travaillé, par les **missions** gagnées : dix ans pour Airbus, six ans pour Renault, par exemple…

Les échecs marquent aussi dans une carrière, et il m'est arrivé aussi de perdre des contrats ou des clients. On se pose à chaque fois la question de sa responsabilité personnelle. La réalité est souvent complexe et ambiguë, le doute s'installe, et ça peut abîmer la confiance en soi. J'ai donc toujours cherché à reconstruire d'abord la confiance en moi-même, puis la confiance collective, avec les équipes.

Mon leadership

Je suis **leader** avant tout : j'aime communiquer sur des idées, sur des visions ou des intuitions, pousser les autres à s'exprimer et prendre des initiatives. Mais j'ai besoin de managers qui s'occupent de la mise en œuvre.

Je me retrouve aussi parfaitement dans quatre personnages porteurs de qualités qui m'ont été reconnues par mes associés lors d'un atelier de team building. Les voici :

Le capitaine : celui qui reste maître de lui-même et du bateau, même quand ça va mal, qui donne un rôle à chacun et lui permet d'exprimer ses talents.

L'explorateur-diplomate : il va seul là où les autres ne vont pas. Il parle aux indigènes, imagine des stratégies d'alliance et ramène parfois des idées étranges mais utiles à la maison.

Le mécanicien : il est proche du concret et cherche en permanence à améliorer les systèmes complexes autour de lui.

L'esthète : celui qui apprécie la beauté de ce qui nous entoure et nous dépasse parfois.

Nous avons tous plusieurs personnages en nous. Il faut apprendre à les connaître et utiliser leurs qualités propres dans chaque situation compliquée.

La vie économique est façonnée par les réseaux d'influence. Les jeux de « séduction » ou « d'attraction » font donc partie de notre ADN et de notre façon d'agir avec nos équipes.

Notre capital le plus précieux, ce sont les talents... Dans notre secteur, nous vivons une véritable guerre pour les talents, y compris à l'intérieur même de l'entreprise. Du fait de la concurrence interne, les meilleurs éléments peuvent souvent **choisir leur leader** au sein de l'entreprise, ou nous quitter rapidement si aucun leader ne les fait vibrer. C'est très challengeant pour nous, les cadres « dirigeants » : nous devons en permanence montrer le sens de notre mission et convaincre les équipes de la **valeur ajoutée de notre leadership.**

La diversité, la multitude des missions et la relative liberté de choix des équipes font que si ton leadership n'est pas attractif, tu n'auras pas de bonnes équipes.

Mon monde VUCA a commencé...

... avec **l'automobile**. Ça fait quelques années maintenant que les constructeurs traditionnels s'interrogent sur leur avenir. Le changement ne vient pas de la COVID, ni même des évolutions fondamentales apportées par la digitalisation, mais de la conjonction de trois forces : **des changements sociétaux liés aux enjeux climatiques, l'apparition de technologies de rupture et la disponibilité quasi illimitée de capitaux pour certains acteurs**. C'est la conjonction de ces trois forces qui est assez unique dans l'histoire économique et qui amène les acteurs traditionnels à se remettre en cause.

La première révolution, c'est le basculement du pouvoir de décision stratégique. Les constructeurs ont perdu une bonne partie de leur rôle de décideurs sur des choix technologiques, comme par exemple le type de motorisation (carburants fossiles, électricité, etc.), des choix fondamentaux qui leur revenaient jusque-là dans leur rôle de spécialistes, d'experts, de sachants. En Europe, par exemple, les nouveaux décideurs en matière de technologie sont désormais la société, et donc le politique qui crée la réglementation.

C'est un **basculement** très important qui concerne également d'autres secteurs, comme l'agriculture, par exemple, avec l'émergence du bio. Mais il est extrêmement prégnant pour le secteur automobile.

Les nouvelles technologies autour de l'IA et des données permettent déjà de faire rouler des taxis sans conducteur, avant d'envisager des flottes de camions autonomes... Les impacts à venir sur les modèles économiques sont potentiellement **hallucinants** !

Pour comprendre l'importance des changements en cours, il suffit d'observer Tesla et la fulgurante ascension de sa capitalisation boursière, alors que c'est en vérité un petit acteur par les volumes vendus, mais avec une gigantesque puissance financière. Comme au début de l'automobile, il y a plus d'un siècle, ce qui est valorisé aujourd'hui, c'est davantage la **vision**, le **potentiel**, que la réalité d'un marché déjà existant. Tesla n'a pas le poids du passé, ce qui lui donne aussi davantage de liberté et de capacité à se concentrer sur le **croisement** des tendances **sociétales** et des possibilités **technologiques**.

Je suis au cœur de cela, à la place qui est la mienne. J'agis dans un contexte, j'interagis avec des acteurs catapultés dans une ère d'extrême **volatilité**.

La crise avant-COVID qui m'a le plus appris

C'est bien connu, les crises quelles qu'elles soient créent des **projets** et des **opportunités** pour ceux qui savent s'en saisir. Dans un cabinet de conseil, on est à la fois **architecte** et **pompier** : préparer l'avenir et aider nos clients à trouver des solutions face aux crises qui se succèdent.

Personnellement, c'est la perte d'un client stratégique qui m'a certainement apporté les éclairages les plus intéressants sur moi, comme sur les autres.

Elle m'a d'abord fortement touché, causé des nuits blanches, des angoisses. Ensuite, elle m'a amené à **construire une nouvelle confiance** et une nouvelle force, la force de celui qui a su **se relever**. Dans mon bureau, il y a cette citation de Churchill : « *Le succès consiste à aller d'échec en échec sans jamais perdre son enthousiasme.* »

Quand on perd un client stratégique, du jour au lendemain, on peut éprouver une vraie sensation de vide. On retrouve du temps pour soi et même pour sa famille, pour l'entourage qui dit : « J'ai besoin de toi. » Puis on se reconstruit.

J'ai construit un plan assez précis vis-à-vis de mes équipes. Il nous fallait d'abord un **inventaire** pour comprendre ensemble ce qu'il s'était passé. Il fallait être transparent, ne pas chercher d'excuses.

Mais on a également **célébré** ensemble tout ce que l'on avait réussi ensemble pendant la mission. Car en amont, il y avait eu un énorme travail et des succès à valoriser. Chacun a partagé ce qu'il avait **fait** et **appris** et sur quoi il pouvait désormais **capitaliser**.

Un échec bien géré est toujours formateur. C'est là que j'ai découvert qu'on a tous des capacités à rebondir ; pour le croire, il faut le vivre ! Au fond, la **résilience**, c'est cela, elle ne peut se construire qu'à partir de crises. Aucun succès n'apprend la résilience.

La COVID & moi/nous

Cette crise m'a marqué d'abord par notre **incapacité collective à prévoir** !

Compte tenu de mes secteurs d'expertise, j'étais pourtant dans une position favorisée, nourri de discussions avec des gens brillants et des dirigeants responsables et visionnaires. Et pourtant, je n'ai souvenir d'aucune alerte sérieuse, d'aucune prise de conscience de la gravité de la crise avant la fin du mois de février 2020. Début février, on parlait encore d'une crise limitée à la Chine. Mi-février, on disait : attention, la crise est en Italie… Je reste frappé de n'avoir pas fait le lien et imaginé ce qui allait nous arriver 15 jours plus tard, et d'ailleurs, personne autour de moi ne semblait plus averti.

Les premières semaines de mars, ce fut donc la **sidération**.

Le confinement, on l'a vécu de plein fouet. Pour KPMG France, ce furent 10 000 personnes en télé-travail du jour au lendemain, et des attentes énormes de service de la part de nos clients. Mais ça a fonctionné. Nous avions déjà tous les outils informatiques, pas toujours utilisés à 100 %. En quelques heures ou quelques jours, on a rattrapé notre retard en termes de pratique.

Comme je le disais, les crises peuvent être porteuses d'opportunités, et la crise COVID aussi. Mais nous vivons la violence de cette crise au plus près de nos clients. La difficulté des **choix éthiques** des dirigeants face à l'incertitude est énorme. Quels efforts demander à ses collabora-teurs, doit-on tout arrêter tout de suite, jusqu'où peut-on aller pour tenter de résister ?

Dans cette crise, c'est le **courage des diri-geants** qui est mis à rude épreuve. Au début de la crise, et alors que l'incertitude était maximum, j'ai vu des dirigeants s'enfermer littéralement dans leur bureau pour renvoyer tout le personnel chez eux. Ils avaient peur. Puis ils ont cherché à impo-ser une fermeture à tout leur secteur d'activité pour justifier leur attitude. D'autres dirigeants, au contraire, ont montré un courage impressionnant.

Cette crise nous montre aussi l'importance du choix des mots : en France, on parle de guerre. En Allemagne, en avril, le président Steinmeier par-lait non pas de guerre, car il n'y a pas d'ennemi, mais de **test pour notre humanité** : comment chacun peut-il contribuer, quelles responsabilités avons-nous les uns envers les autres, comment peut-on faire face ensemble ?

La diversité des situations est une autre épreuve pour notre société, notre pays. Nous ne sommes pas égaux en termes d'agilité. Or, cette **agilité** est un atout fondamental pour résister, être résilient, faire face à cette instabilité inédite où la situation évolue toutes les semaines. On a en France une culture forte de l'égalité, alors que la crise actuelle creuse les inégalités, y compris entre métiers.

Avec la crise, les attentes vis-à-vis de l'État ne diminuent pas, bien au contraire. En France, l'État est omniprésent et doit aider chacun à faire face à tous les aléas. Alors même que l'État a montré dans la crise qu'il n'était **pas meilleur stratège** que les acteurs privés, et qu'il était souvent **défaillant** lorsqu'il essayait de sortir de sa zone de compétences, par exemple en cherchant à centraliser les achats de masques à une *supply chain* chinoise qu'il connaissait fort mal.

Nous sommes devant un **paradoxe étonnant** ! Nous demandons toujours plus à l'État, alors que le défaut de notre État, c'est précisément d'être trop présent, trop lourd, trop rigide, nous privant avec lui de l'agilité que le contexte exige.

Pour revenir au sujet de leadership et dans cette énorme incertitude qui pèse sur nous tous, je m'appuie sur trois leviers pour avancer sereinement avec les équipes :

- Montrer toute **l'étendue des possibles** : quand on est architecte, l'important, c'est d'avoir des projets, des chantiers à bâtir.
- **Responsabiliser** chacun : nous devons tous faire des efforts.
- **Rassurer** : nous avons un cadre qui nous protège, c'est une chance et il faut en profiter.

Leaders de demain, quels challenges ?

L'un des défis majeurs pour les entreprises et leurs décideurs est leur **capacité d'évolution**. Nous revenons encore à **l'agilité** et à la **résilience**. C'est un changement de paradigme qui s'opère. Pendant longtemps, la transformation ou les évolutions rapides ont été perçues comme des risques. Aujourd'hui, le plus grand facteur de **risque** est **l'immobilité**.

En termes de management, cela pose une question fondamentale : **comment rémunérer la prise de risque**, alors que dans nos sociétés, on rémunère le résultat, quand ce n'est pas plus traditionnellement l'ancienneté et la séniorité ?

La crise amène un besoin de nouvelles compétences, de gens qui ont une appétence forte pour l'entrepreneuriat et le risque... Nous devons donc attirer des personnalités qui vont nous mettre en risque, et nous devons les récompenser pour cette prise de risque. C'est à la fois ambigu et vital pour nous tous. Voilà ce qu'il va falloir **gérer et concilier** !

Mes conseils concrets pour les leaders d'aujourd'hui et de demain :

- **Responsabilisez** vos équipes.
- **Pas de micro-management** ni l'infantilisation qui va avec !
- Créez les conditions de la **confiance.** C'est essentiel dans un monde où la planification n'est plus possible. Et pour **construire cette confiance**, il n'y a rien d'autre que le **lien, l'échange**, la **connaissance réciproque**. Il faut démultiplier les espaces d'échange, y compris informels, qui permettent de mieux se connaître, de se comprendre, même au-delà du cadre professionnel. Un collaborateur qui connaît son leader, qui sait ce qui le motive, ce qui l'anime et ce qui le « peine », saura agir avec d'autant plus de liberté et de responsabilité.

Mon petit truc

Dans des moments difficiles, devant des choix importants, j'utilise la **technique du recentrage** : je me recentre sur moi, ma condition présente, pour ensuite me détendre, m'ouvrir à moi-même, à mon environnement. J'appelle ensuite une de mes qualités, celle qui pourra m'aider dans le moment qui est devant.

Dr Adnan EL BAKRI

Fondateur CEO InnovHealth Group (PassCare)

Short bio – pas si short

Je suis médecin-entrepreneur, né il y a 34 ans dans le nord du Liban, dans une famille modeste.

Mon parcours a commencé par un évènement déclencheur qui m'a marqué à vie.

Ma mère était enceinte de ma petite sœur et, un jour, elle a fait une importante hémorragie. On s'est rendus en catastrophe à l'hôpital le plus proche, une clinique privée.

Mais on nous y a refusé l'entrée : on devait d'abord prouver qu'on pouvait payer... On a fini par emmener ma mère dans un autre hôpital, public cette fois-ci, où elle a pu être prise en charge. C'est ce souvenir traumatique de ma mère en détresse, à qui l'on refuse des soins, qui m'a orienté vers la médecine. J'ai compris que l'accès au système des soins et la qualité des soins étaient des éléments fondamentaux, des facteurs de vie et de mort. Je voulais que le système de soins de mon pays s'améliore, et pour y contribuer, il me paraissait logique que je fasse médecine. Plus que médecine, il fallait faire médecine en France, pays réputé pour avoir le meilleur système de soins au monde !

J'avais donc un but que j'ai planifié et poursuivi méthodiquement et rigoureusement dès mon adolescence.

C'est ainsi que je suis arrivé en France en 2004, à Marseille. J'avais 17 ans, et dans mes poches pas un sou, juste mon baccalauréat libanais, une valise et de grandes ambitions. Pendant trois mois, j'ai dormi dans les couloirs de la faculté de médecine, en attendant une chambre au CROUS. J'ai dû faire preuve de débrouillardise ; obtenir une carte de séjour, monter des dossiers, obtenir les vaccinations, me nourrir sans avoir accès au restaurant universitaire... le parcours du combattant ! J'ai erré de connaissance en connaissance, au jour le jour. Une fois installé en chambre du CROUS avec ses 9 m^2 rien que pour moi, j'étais comme dans un château : cette chambre exiguë me semblait spacieuse, presque luxueuse !

J'ai travaillé pour financer mes études, pour vivre. J'étais l'entrepreneur de ma vie, de mon parcours. J'ai donné des cours d'arabe, j'étais aide-soignant en EHPAD ou clinique, ou infirmier remplaçant... Les obstacles à franchir étaient nombreux, mais j'étais déterminé. J'avais tout planifié, les études, la spécialisation, le thème de la recherche. J'avais d'ailleurs en tête de revenir dans mon pays avec une solution au problème d'accès de soins, mais je ne savais pas comment. J'ai aussi découvert que l'image que je m'étais faite de la France et de son système de santé était erronée : la France dispose d'un excellent système de soins, mais son système de santé, dont les soins ne sont qu'une brique, est loin d'être le meilleur et même en retard sur son temps. On n'est pas à la hauteur pour tout ce qui vient avant, pendant et après les soins : la prévention, la prédiction, le suivi... Or, ces leviers sont primordiaux pour la performance du système de santé. C'est de ce constat que m'est venu le projet de la carte de soins universelle, c'était une évidence. Le digital, la donnée au service de la santé, une évidence et un énorme défi.

Mes travaux de recherche et mes rencontres avec les interlocuteurs de l'administration m'ont alors poussé vers l'entrepreneuriat. J'ai vite compris que je ne pouvais pas créer un impact en étant juste un acteur du soin et de la recherche. Dans ce secteur règnent une routine et un système que je ne supportais plus.

J'ai dû me rendre à l'évidence que le seul moyen d'apporter des solutions concrètes était l'entrepreneuriat. Alors j'ai quitté l'hôpital et laissé tomber un bon salaire et un bon statut pour fonder la société InnovHealth, en y mettant les 30 000 euros que j'avais pu épargner, tout ce que je possédais.

À moins de 30 ans, je me suis réinventé comme CEO d'une entreprise qui veut révolutionner les systèmes de santé en France et dans le monde, à travers un passeport santé numérique et universel : le PassCare. Ce n'est pas une mince affaire, surtout en France, où la data est abordée par ses détracteurs comme une menace à la souveraineté citoyenne et par ses défenseurs comme une valeur pouvant se traiter de façon sectorisée. Le PassCare renverse les paradigmes : il redonne à l'usager-citoyen la maîtrise et donc la souveraineté de sa donnée et il connecte les systèmes et donc les datas entre elles, les sort de leurs silos, pour en maximiser la valeur.

Dans notre monde, des mutations économiques spectaculaires liées au digital, les acteurs économiques qui changent la donne, ceux qui ont de l'impact, ceux qui renversent les paradigmes, sont ceux qui créent les plateformes. C'est ce que je fais.

J'ai donc créé mon entreprise avant d'être diplômé. Et j'ai continué à travailler dur, en tant qu'entrepreneur-doctorant.

Mais avec l'entreprise, il y avait une rupture immédiate dans ma façon d'aborder les choses : je ne pouvais plus planifier !

Quand on innove, la planification ne fonctionne pas. Quand on vous parle de l'agilité des start-ups, il s'agit surtout d'une nouvelle façon d'aborder les projets, sans planification, sans études de marché, sans plan d'affaires prédéfini. L'innovation, c'est le terrain qui la crée, il faut comprendre le besoin, s'avoir s'adapter, se planter, apprendre, défaire et refaire, réussir et encore se planter, et ainsi de suite. Dans le même temps, il faut sacrément s'accrocher à sa vision, ne pas écouter tous ceux qui doutent trop, poursuivre, persévérer.

J'ai obtenu mon doctorat avec la plus haute distinction : mention très honorable avec les félicitations du jury, grâce à ma thèse sur « La esanté et les nouvelles technologies digitales au service du partage et de la structuration des données médicales ». Mais ce n'est pas tout.

Dans le cadre d'un DEA en Big Data et Intelligence Artificielle dont je suis sorti major en France, j'ai également travaillé sur un algorithme de prédiction du cancer du rein au CNRS. Mes travaux ont été récompensés par l'Académie Nationale de Chirurgie sur plus de 30 projets de recherche. J'ai ensuite été admis en *Executive MBA Entrepreneurship et Innovation* à HEC Paris.

En 2019, j'ai fait la une du magazine *Entreprendre* qui m'a sacré « entrepreneur de l'année ».

Aujourd'hui, je suis médecin urologue, et surtout un entrepreneur accompli à la tête d'une start-up qui est déjà valorisée à 30 millions d'euros. Ce n'est que le début de l'aventure. Je me destine clairement vers ce que l'on appelle le *multi-* ou *serial-entrepreneuriat*. Je sais que je ne ferai désormais plus que cela : créer de la valeur.

L'étape la plus marquante de mon parcours

Il n'y a pas eu d'étape, mais clairement, **l'évènement déclencheur** autour de la difficulté de l'accès aux soins de ma mère.

Il y a aussi ces découvertes qui m'ont marqué, comme par exemple de comprendre que **les échecs n'en sont pas**, que quand on persévère, on trouve toujours une solution. Ou le fait que même un planificateur aguerri comme moi, dès lors qu'il bascule dans l'entrepreneuriat, n'a plus rien à faire de la planification !

Il y a enfin ce constat qui me laisse encore aujourd'hui perplexe, celui du problème qu'a la France avec ses entrepreneurs : **l'ambition et la réussite matérielle sont mal vues.** Alors qu'en tant qu'entrepreneur, il est dans ma nature et de mon devoir de parler ambition, argent et réussite, beaucoup de gens trouvent cela malvenu.

Quand je dis qu'en 2024, on vise une valorisation à un milliard, les gens me prennent pour un fou, quelqu'un de pas sérieux, voire un imposteur.

Alors que le marathon de l'entrepreneur me demande déjà une énergie de dingue, je dois aussi gérer ces incompréhensions et parfois hostilités liées à une culture qui, au fond, n'aime pas – ou pas assez – les entrepreneurs.

Au début, j'ai dû encaisser ce **désamour de l'entrepreneur**, puis j'ai appris à gérer.

Mon leadership

Je suis un leader-décideur totalement **tourné vers l'action.** Je ne fais pas dans la planification. J'exige de moi et de mes équipes de transformer la moindre réflexion en action, et ce immédiatement, quitte à tester et échouer pour mieux retenter. Dans un business innovant, si on reste dans la réflexion, en chambre, on n'obtient aucune efficacité opérationnelle. Mon crédo, c'est de **ne jamais faire de la bureaucratie** !

Autour de moi, j'ai une équipe de 25 personnes, dont un noyau dur. Chacun d'entre eux est un entrepreneur à son échelle, ils travaillent en très grande autonomie ; cela n'empêche en rien d'être en dialogue permanent, je suis très disponible.

Mon leadership ne s'arrête d'ailleurs pas à mes équipes. Je dois en permanence **fédérer, embarquer** de nouveaux partenaires, des soutiens, des réseaux.

Je suis dans le **partage**, la **connexion**, je suis un **connecteur**. C'est en connectant les gens que j'ai obtenu mes sponsors. Cette notion du *sharing* est si importante pour moi, car elle est liée à la confiance : se faire confiance et faire confiance aux autres. Être convaincu que dans le partage, il y aura à la fin une réciprocité, un équilibre gagnant-gagnant, même si ce que l'autre a à partager n'est pas toujours prévisible et certain, ni quantifiable.

Mon monde VUCA a commencé...

... quand j'ai compris la complexité du partage de l'information en matière de santé, ce **fonctionnement en silo** qui crée des dysfonctionnements dramatiques, et puis quand j'ai compris le **potentiel** de la **data** et de l'**IA** pour résoudre cela.

Au départ, mon ambition est née du gap que je voyais entre les pratiques du monde de la santé et les leviers existants. C'est le **retard du monde de la santé** par rapport aux potentiels du **digital** qui m'a poussé vers le digital et m'a fait devenir un **connecteur** de ces **deux mondes**, santé et digital.

Je ne suis pas le premier à m'être attaqué à ce chantier hautement complexe. En revanche, là où je disrupte, c'est que je réponds à la complexité non pas par davantage de complexité, mais par de la **simplicité** et de la **simplification**.

Je ne construis pas des passerelles multiples qui permettraient aux différents systèmes de s'interconnecter, avec in fine autant de passerelles différentes que de systèmes différents. Mon approche est un **simplificateur radical**, un seul profil de santé pour tous, un profil unique.

Ma proposition n'est donc ni plus ni moins qu'une rupture de modèle, un **glissement de paradigme**, un *paradigm shift*.

En ce sens, je suis un contributeur actif du nouveau monde VUCA.

La crise avant-COVID qui m'a le plus appris

Comme souvent dans la vie, c'était une **crise** dans ma vie **personnelle** qui m'a fait le plus grandir. Lorsque j'étais dans la dernière ligne droite du concours de l'internat, celui qui détermine la spécialité et donc toute la vie d'un jeune médecin, j'ai appris le décès de ma tante. Cette tante m'avait élevé, elle était comme une deuxième maman pour moi, et j'ai appris son décès après-coup. Mes parents n'avaient pas voulu me prévenir pour ne pas me perturber juste avant le concours, mais je l'ai quand même appris. Sauf qu'il était déjà trop tard pour me rendre à son chevet.

Cela m'a énormément bouleversé, j'étais en proie à des doutes terribles quant à mes choix de vie. Je me suis dit que « parce que je suis loin, parce que je suis à l'étranger, je suis passé côté de ce qui importe »...

J'étais à deux doigts de tout laisser tomber, et puis j'ai décidé de **tenir** et de **persévérer**.

Cela m'a appris que j'étais **résilient** !

Persévérer, ne jamais abandonner, poursuivre, quoi qu'il arrive, malgré tout ce qu'il se passe autour, si tu ne persévères pas, tu te perdras, voilà qui est devenu ma maxime.

La COVID & moi/nous

La crise COVID-19 a débuté alors que nous étions en pleine accélération et internationalisation. Elle nous a d'abord freinés. Mais elle a surtout catapulté les enjeux de la santé et du digital − et donc notre raison d'être − sous les projecteurs. Cela nous donne un sacré **coup de boost** en termes de communication et en termes de projets.

Nous sommes *santé*, *digital*, et *mondial*... Le PassCare intéresse les compagnies aériennes, les aéroports, les agences de voyages en tant que passeport international santé et vaccination, cela nous ouvre de **nouveaux marchés** auxquels on n'avait pas pensé avant.

Le confinement nous a aussi appris qu'on pouvait **fonctionner différemment**. On a lâché nos bureaux et on a investi le télétravail à fond. On a juste gardé un bureau pour les RDV.

Le télétravail quasi total exige une très grande autonomie des équipes. Ce n'était pas très compliqué, car on était déjà en mode « **management libéré** » et horizontal.

Aujourd'hui, on peut recruter sans aucune contrainte géographique, personne n'a besoin de déménager pour rejoindre notre équipe.

Mais comme tout le monde, on attend avec impatience de pouvoir retrouver les moments de convi-vialité.

J'espère que la crise nous apprendra à repenser le monde post-COVID.

En mars 2020, en annonçant le confinement, la France a légiféré sur la téléconsultation, qui existe depuis vingt ans... **Dans ce pays, la crise a catapulté les innovations d'hier.**

Il est grand temps que nos décideurs déclarent la guerre à la bureaucratie pour investir enfin dans l'innovation, dans l'avenir.

Leaders de demain, quels challenges ?

J'ai envie de dire aux jeunes d'oser réussir et de persévérer : **c'est souvent la dernière clé du trousseau qui ouvre la porte.**

Le reste tient en trois cartes maîtresses : le digital, le partage, la simplicité !

Le digital :

Préparez le monde de demain, comblez le gap entre ce qui est et ce qui va être. Demain sera digital : data, intelligence artificielle, biotechnologie, voilà vers quoi s'orienter.

Le partage :

Construisez les réponses avec les équipes, les partenaires, acceptez que le leader ait la vision mais pas la solution, car la solution se crée sur le terrain. Oubliez la notion de « salariés », vos équipes sont des collaborateurs, des co-équipiers. Évitez les approches hiérarchiques dans vos organisations, même le jeune stagiaire peut apporter autant que le leader : il apporte la diversité, une approche différente, et c'est crucial pour l'innovation. Arrêtons les silos. Le monde de demain, c'est le partage, le transverse, et c'est d'ailleurs cette notion du *sharing* qui est intrinsèque à l'intelligence artificielle, et cela fait toute sa force !

La simplicité :

La bureaucratie règne encore partout, et pas seulement dans les administrations. Combattez-la, cherchez toujours la solution, l'approche la plus simple, y compris dans les rapports humains. Entre réflexion et action, privilégiez l'action, vous en mesurerez vite l'impact et la performance. Surtout, laissez les gens s'exprimer et faire !

Mon leitmotiv

Chaque jour, j'ai envie de pouvoir me dire, en fin de journée, que j'ai avancé. C'est ce qui me guide.

Je suis **infatigable** et un **insatisfait** absolu. Je veux laisser une trace, un impact. Ma grande question, c'est : « **Si tu meurs demain, qu'auras-tu fait de ta vie… ?** », et pour l'instant, je trouve que ce que j'ai fait est loin d'être suffisant. Je veux faire beaucoup plus, beaucoup plus grand.

Je ne me contente pas de petites réussites, alors même que dans le métier de médecin et dans notre système, on nous apprend surtout à raser les murs. Ce n'est pas ma vision des choses.

Je veux changer les choses, je veux changer le monde, en commençant par mon pays… *mes* pays. Car j'ai été naturalisé au mérite. Mon pays, c'est aussi la France, en plus du Liban.

Je vise haut et grand, et je me suis lancé dans cette aventure corps et âme, en partant de rien, sans parachute. C'est pourquoi je me retrouve bien dans cette phrase de Reid Hoffman, l'un des fondateurs de LinkedIn :

« Un entrepreneur est quelqu'un qui se jette d'une falaise et construit son avion pendant la chute… »

Aude FOURNIER

Directrice générale adjointe Partenaire et Ressources, Vice-présidente de l'association des DRH de grandes collectivités

Short bio

À la faveur d'un parcours hétéroclite axé sur l'international, j'ai assez longtemps cherché ma voie. Avec le recul, un fil conducteur s'en dégageait clairement : le lien, l'humain.

Des études en langues étrangères m'ont d'abord permis d'étudier en Irlande et en Autriche, ce fut un vrai régal. Mon cursus a alors pris une dimension européenne : étant strasbourgeoise, ma voie semblait toute tracée vers une carrière dans les institutions européennes. Pour autant, la curiosité m'a poussée vers l'IEP de Strasbourg et son master en Affaires publiques en Europe. Et, à la faveur de mon dernier stage, j'ai décroché, en 2003, un remplacement à la région Alsace en tant que chargée d'études Éducation et Formation au Conseil économique et social régional.

Honnêtement, jusque-là, je ne connaissais rien à la fonction publique territoriale et à ses « carrières ». J'ai découvert le système des concours et ai réussi celui d'attaché territorial, ce qui m'a permis d'être pérennisée sur mon poste. Une belle opportunité que j'ai saisie, car le fait de travailler à améliorer les politiques publiques avait pour moi beaucoup de sens. Cinq ans plus tard, je deviens directrice adjointe du CESER, au même moment que je portais la vie pour la première fois. J'avoue avoir hésité avant d'accepter, car j'avais peur de ne pas faire les choses bien des deux côtés. Ce qui est assez incroyable, c'est que 10 ans plus tard, j'ai obtenu mon premier poste de DGA en étant enceinte pour la 2e fois, est-ce le fruit du hasard ?

Sept ans au CESER m'ont permis d'appréhender l'ensemble des politiques publiques régionales et locales, de développer un large réseau de partenaires et de curiosités, d'organiser des débats publics, des conférences de presse, et monter deux sites Internet… Je suis insatiable, car tout m'intéresse !

Quand, en 2013, la fusion des régions est annoncée, et après avoir activement participé aux réflexions sur le Conseil d'Alsace (fusion avortée de la région et des deux départements), je décide de faire entrer ma carrière dans une nouvelle dimension en préparant le concours d'administrateur territorial.

Je suis entrée à l'INET en 2015 (*Institut national des études territoriales, l'ENA de la fonction publique territoriale, NDLR*) en souhaitant être directrice du développement économique, j'y suis sortie DRH !

Au travers d'enseignements et de stages, j'ai investi plus fortement cette matière passionnante du capital humain (que j'avais déjà découvert dans le cadre de mon premier poste), mais aussi les questions du management et de la transformation publics. J'ai toujours été un manager en soutien de mes équipes et stratège, mais je ne le formalisais pas, j'agissais par intuition et en fonction de mes valeurs profondes. Cette étape de 18 mois a acté une transformation qui s'est concrétisée par mon départ de mes terres natales en novembre 2016 pour rejoindre le Nord. Je pense que cela m'a permis de réellement prendre mon envol. J'ai tout quitté pour le projet et la confiance que le DGS et le président m'ont accordée dans un contexte très particulier de réorganisation fondamentale d'une collectivité de 10 000 agents. Réorganisation conduite en 2015 (dont celle de la DRH) avec la nécessité de réduire les effectifs pour retrouver des marges de manœuvre financières.

Les premiers mois, j'avais l'impression de ne pas toucher le sol tant le département était au cœur d'une tempête. J'ai souvent eu l'impression d'être une directrice des finances plus qu'une DRH… mais en parallèle, j'avais la latitude et la bonne place (directement auprès du DGS et membre du Comité de DG) pour saisir l'ADN de l'organisation et proposer des choses nouvelles qui auraient un impact positif sur le long terme, sur les agents départementaux. J'ai été témoin de beaucoup de souffrances et d'incompréhensions, mais j'ai aussi rencontré des agents dont le potentiel était totalement ignoré et que j'ai pu accompagner dans des démarches gagnant-gagnant, et c'est pour moi une grande source de satisfaction que de pouvoir tendre la main…

Je crois que j'ai cette capacité à saisir les opportunités, à mettre le pied dans la porte… Aussi, quand le DGS m'a demandé de créer une école interne, j'avais l'intuition que le risque de l'entre-soi et d'une forme d'élitisme obérerait l'intérêt d'une démarche bien intentionnée. Je pressens que c'est plutôt du côté d'une collectivité apprenante, *encapacitante*, qui décloisonne, réunit les agents de différents métiers et territoires que se trouve l'avenir... Le lien, toujours !

Face aux enjeux de société, le changement à opérer dans nos organisations publiques est d'ordre culturel, et la crise inédite de 2020 l'a parfaitement mis en lumière. Quant à la fonction RH, c'est tout l'inverse de la tour d'ivoire que j'ai trouvée en arrivant, c'est une équipe pluridisciplinaire au service des agents et en appui des managers, qui doit infuser en coopérant et copilotant les politiques RH et du changement au sens large... C'est pour cette raison que j'ai proposé de créer un laboratoire d'innovation interne qui a démarré « sous le radar » au sein de la DRH ; nous l'avons baptisé la Fabrik'59, car nous souhaitions y fabriquer des *softs skills*, des coopérations et le service public de demain ! Cette création a permis de redonner de l'autonomie, des perspectives et du pouvoir d'agir à plusieurs dizaines d'agents de la DRH pour commencer tout en traduisant concrètement grâce au codesign ce que signifie concrètement « placer l'agent au centre ». Depuis bientôt 3 ans maintenant, la Fabrik'59 diffuse au sein du département et infuse comme un sachet de thé des méthodes axées sur l'intelligence collective, le faire autrement et redonne la parole à chacun(e), partant du postulat que chaque agent est expert de ses besoins et de son métier.

Partant du constat que la DRH ne peut mener seule, le(s) changement(s) nécessaire(s), j'ai alors proposé au bout de 2 ans à mon DG de créer une DGA transversale axée transformation et «*user centric*» réunissant la DRH, la direction de l'organisation, la direction de l'évaluation, la communication interne et la DSI. Il était séduit, mais est parti au même moment... Je crois que cette extrême capacité d'adaptation fait partie intégrante des compétences requises pour un haut fonctionnaire, sur un portefeuille comme le mien de surcroît. Mon nouveau DG a mis sa patte au projet, mais a accepté qu'on le poursuive ensemble et que la Fabrik'59 puisse monter en puissance comme c'était prévu dans le projet initial. Un directeur dédié a été recruté, avec un profil de coach et pas d'«innovateur», loin des fonctionnements administratifs, et il a apporté une «fraîcheur», une vraie posture «basse» pour accompagner les agents volontaires et a contribué à faire émerger un réseau d'ambassadeurs du codesign dans toutes les DGA. Ça a été un vrai choix de ma part, basé sur une intuition, qui s'est révélée bonne, au vu du contexte et de l'ADN du département. Un tiers lieu interne a émergé et il est positionné aujourd'hui sur la simplification administrative et les évolutions managériales.

Nous avons rejoint les réseaux de l'innovation publique (il y en a plusieurs...) et gagné en visibilité en recevant une Victoire d'Acteurs Publics en 2020. Nous contribuons aujourd'hui largement à la marque employeur et une attractivité retrouvée du Département en interne et à l'externe.

Ces réussites confortent mon intuition première que la fonction RH seule ne conduit pas à la transformation. Il faut rapprocher et mêler fonctions RH, innovation, organisation, numérique et décisionnel, les hybrider... C'est ce à quoi je m'atèle depuis la création d'une DGA Partenaire des Évolutions et des Potentiels des Services : décloisonner, simplifier, itérer, tester des méthodes... tout en revenant à des choses simples qui font sens pour l'ensemble de nos collaborateurs : prenons soin de nos agents pour qu'ils prennent soin de nos usagers ! Depuis, la crise est passée par là, mais nos agents ont encore plus besoin de nous pour les accompagner dans la transition numérique et managériale, qui a connu une accélération sans précédent. Je pilote désormais un collectif élargi réunissant toutes les fonctions support (hors finances) dans le cadre d'un projet centré utilisateurs encore et encore... Cette vision se distille dans nos feuilles de route respectives et communes, et c'est un puissant moteur de cohésion au service des services !

Par les temps qui courent, c'est absolument essentiel, et je défendrai toujours cette position, notamment au travers de mes fonctions de vice-présidente de l'association des DRH des grandes collectivités.

L'étape la plus marquante de mon parcours

L'arrivée dans le Nord !

Cette expérience nordiste a été fondatrice dans mon identité professionnelle et je suis fière du chemin parcouru avec mes équipes pour porter les couleurs de l'innovation ouverte et... frugale ! La crise et le confinement m'ont permis de mettre à profit un certain nombre d'idées ou de projets que j'avais en tête ou dans les cartons.

En Alsace, j'étais « chez moi » et je connaissais bien l'écosystème des collectivités et leurs partenaires, notamment grâce à mon poste au CESER, j'étais en relation avec le préfet comme les syndicats ou des associations, ça a été très enrichissant, mais c'était comme un petit écrin. En arrivant dans le Nord, tout était **inconnu**, la collectivité énorme, et il fallait tout découvrir : les compétences départementales, les territoires, la culture maison... tout en peaufinant encore mon rôle de DRH.

C'est un peu comme **sauter dans le grand bain**, d'autant que ma famille est restée en Alsace jusqu'à la fin de l'année scolaire en cours. C'était un challenge passionnant, mais très compliqué du fait de la socio-histoire de la collectivité, c'est un peu un monde à part. Le point positif, c'est que c'est très apprenant et que je suis arrivée à la bonne place et au bon moment sûrement pour faire bouger les lignes. Dans les moments très tendus, je crois que le **co-design** a été une sorte de planche de salut... Je me suis rendu compte que j'en faisais depuis longtemps sans le savoir ; aussi, quand j'ai eu la possibilité de l'instiller dans mes équipes, j'ai commencé à **m'épanouir** – avec elles ! – et à **affirmer**

ma vision de la RH et de la transformation publique.

Un autre passage fondateur fut la création de « ma » DGA, dans laquelle j'embarquai mon équipe de la DRH, la Fabrik, deux petites directions placées auprès du DGS, mais surtout, grande nouveauté pour moi : la Direction des Systèmes d'Information ! Cela se goupillait particulièrement bien dans la mesure où j'ai pu recruter le nouveau DSI. Au début, ce dernier rêvait d'un rattachement direct au DG. J'ai fini par le **rallier à ma cause** en lui démontrant qu'une DGA transverse axée « transfo » nous bénéficiait à tous les deux. Le fait de **l'embarquer** et de le faire adhérer à **l'aventure** fut une belle expérience et une grande satisfaction, j'ai appris beaucoup sur la fameuse « transfo digitale » dont tout le monde parle. Ensemble, nous avons réellement fait bouger les lignes internes pour moderniser les SI du département et plus largement le partenariat entre la DSI et les autres directions. De ce point de vue, la crise aura renforcé encore cette proximité avec cette nouvelle équipe à la faveur d'une cellule de crise COVID – télétravail qui nous a réunis de façon à la fois stratégique et opérationnelle 3 fois par jour pendant les 3 premières semaines du confinement qui ont été déterminantes pour asseoir la résilience de notre organisation.

Cela m'a permis de vraiment comprendre. Cela a conforté mon sentiment qu'on ne peut être un bon manager, un bon « chef », que si on a aussi goûté à l'opérationnel, si on est allé dans le fond de cale, avec les équipes. Tant qu'on n'a pas expérimenté le terrain, on n'est pas légitime comme visionnaire.

Mon passage dans « l'usine de fabrication » opérationnelle de la DSI a marqué une étape importante pour moi. Je perçois clairement un avant et un après.

J'avais eu le même sentiment au sein de la DRH quelques années plus tôt, quand j'avais fait le tour de chacun des 20 collectifs (230 agents au total) en me mettant à leur écoute ; là aussi, un avant et un après, j'étais pour certains leur n+4... Ils ont enfin pu découvrir concrètement à cette occasion qui j'étais et mon projet. Une plus grande confiance réciproque s'est alors installée et c'est, je crois, un profond levier de transformation individuelle et collective.

Mon leadership

Je me vois comme un **leader**, parce que c'est le leader qui a la vision qui sait fédérer.

Mon leadership se veut persuasif et inclusif.

Persuasif, parce qu'il faut toujours faire preuve de communication, de pédagogie, d'explication, et donner des exemples concrets qui font sens pour chacun.

Inclusif, parce que les meilleures décisions sont celles qui sont co-construites, partagées, et que personne ne devrait jamais être laissé de côté dans les phases d'action : c'est la conjugaison de tous nos talents qui est porteuse de valeur.

Je passe beaucoup de temps à écouter, m'inspirer et me questionner, ce que certains voient comme une perte de temps. Mais je suis convaincue que j'y gagne.

Je me retrouve aussi dans une approche que je qualifierais à la fois d'**ambitieuse** et de **concrète** : oser les chantiers audacieux et les engager avec des petits pas, humbles mais réels.

Chercher le juste équilibre entre les projets et la vision au long cours et les *quick-wins*, voilà un défi qui se pose à moi au quotidien !

S'il y a une chose que je ne fais pas encore assez, c'est célébrer les victoires, alors même que je pense que c'est un outil puissant pour booster la confiance en soi et en ses équipes. Je m'oblige à des temps d'arrêt sur image, de bilan et de partages pour remercier et valoriser, car je crois que cela participe à la reconnaissance et au sens, que beaucoup de collaborateurs attendent.

Mon monde VUCA a commencé...

... quand j'ai quitté l'Alsace. J'ai alors plongé dans un univers VUCA à la fois personnel et professionnel. C'était assez violent, mais l'expérience m'a pleinement fait comprendre que ce que je suis et ce que j'apporte peut intéresser et avoir de la valeur dans ce monde VUCA.

J'ai eu la confirmation de mes intuitions sur les **transformations** publiques : elles sont avant tout **humaines**, et cette dimension du capital humain est souvent occultée sous les procédures et méthodes. Il ne sert à rien de changer pour changer, mais il faut viser une amélioration concrète, pour les agents et/ou les usagers du service public, idéalement les deux simultanément. Cette **symétrie des attentions** est au cœur du projet RH que m'a inspiré mon expérience au Département du Nord et que j'ai poursuivi depuis au travers de plusieurs projets d'innovations portés par la Fabrik'59.

La crise avant-COVID qui m'a le plus appris

La grande réorganisation de 2016 du Département que je n'ai pas vécue directement, car je suis arrivée juste à sa fin, mais dont j'ai de facto hérité en tant que DRH. Suppressions de postes, dialogue social très compliqué, jeux d'acteurs, désengagement et *turnover* de nombreux agents de ma direction, fuite des compétences, impossibilité de recruter à l'externe, conflits interpersonnels... ont été les premiers défis que j'ai rencontrés. Dans le même temps, les ambitions étaient louables : qualité de vie au travail, renforcer la dimension territoriale et de conseil des RH, marque employeur, accompagnement au changement, rémunération à la performance, formations... Rattachée dès 2017 au DGS, j'ai peu à peu pris mes marques et installé mon style et mes méthodes, je voulais rendre la fonction RH incontournable, faire d'elle un partenaire proactif des directions opérationnelles. J'ai vite compris que je ne pouvais pas passer mon temps uniquement à gérer les milliers de problèmes, qu'il fallait déléguer en réinstaurant confiance et autonomie, et pour ma part, sanctuariser de l'énergie pour **regarder de l'avant** : comment je projetais la DRH et plus largement le Département dans trois ans ?

Je me suis alors engagée, jour et nuit, à faire des (trop nombreuses) contraintes des opportunités de faire bouger les lignes dans le but de partager ma vision, celle d'un agent remis au centre de nos attentions et de nos intentions, l'alpha et l'oméga.

C'est peut-être la difficulté de l'exercice qui m'a poussée à la créativité, à me projeter et inventer avec les équipes, à chercher une bulle d'oxygène. Dans la tempête, avec la Fabrik'59, on a fait de l'or.

Ce qui m'a permis de persévérer ? J'ai tout le temps des idées, je m'intéresse à tout, c'est une grande **capacité d'inspiration** puis de projection qui me permet d'aller plus loin. Mais je suis bien consciente que cela peut aussi se retourner contre moi et épuiser les autres. C'est pourquoi je m'emploie à aborder mes équipes avec empathie, simplicité et pragmatisme.

J'ai dû apprendre surtout à m'adapter à des contextes rigides, **accepter les petits pas**, rebondir après des déconvenues aussi et parfois admettre que «**nul n'est prophète en son pays**». Cette acceptation m'a d'ailleurs amenée à cultiver davantage une certaine écologie personnelle et à veiller à m'entourer de personnes qui abreuvent ma soif d'apprendre, de comprendre et de partager.

La COVID & moi/nous

La COVID et notamment le premier confinement m'ont obligée à vivre un peu **en apnée.**

Je n'ai plus fait attention à moi, je n'ai pas compté mes efforts. Ce fut une **implication totale et absolue** dont je suis sortie profondément épuisée.

Mais cela m'a aussi rapprochée de mes équipes.

J'ai pu leur montrer que je ne suis pas que dans les concepts et la théorisation. Grâce à la gestion de crise, j'ai eu l'opportunité d'agir sur le terrain et en toute opérationnalité. C'était une belle découverte tant pour moi que pour les équipes.

On fonctionnait par échanges très rapprochés, on briefait et débriefait tout, de façon quasi militaire, plusieurs fois par jour, mais l'ambiance était très bonne en dépit du contexte. On vivait dans **l'instant présent, sans compter** : traiter chaque problème quand il se présentait, prendre des décisions ensemble, parfois arbitrer des choses difficiles me revenait, bien sûr, et surtout faire de notre mieux pour nos agents et pour nos usagers qui comptaient sur le Département.

En me concentrant sur ce que j'avais à faire, tout en n'écoutant pas les infos anxiogènes, je me suis aussi protégée de la violence de la situation.

Mais rapidement, j'ai eu besoin de me projeter et de créer de nouveaux dispositifs, en réponse aux besoins que j'observais ou pressentais. J'ai ainsi pu faire des rencontres virtuelles inspirantes, expérimenter de nouvelles choses pour les managers notamment, mais aussi pour la Fabrik'59, grâce à une **ouverture** vers le monde de **l'innovation** et des **start-ups**... Le 1ᵉʳ confinement fut donc très éprouvant, mais aussi une nouvelle source d'inspiration et d'apprentissages !

Pour gérer l'immense incertitude, j'ai fait confiance à mon **intuition**. Je reste aussi toujours ouverte aux opportunités, que l'on sait nombreuses par temps de crise, tout en me sécurisant par le développement de mes compétences.

J'ai enfin accepté que **l'échec est possible et qu'il peut être un bien déguisé... En tous les cas, c'est souvent un cadeau, car une source d'apprentissage**. Accepter et affirmer que l'échec est permis redonne d'ailleurs de la confiance aux équipes et ouvre la voie à l'essai, aux innovations d'usages. Cela n'empêche en rien l'envie et la recherche de résultats, ni de garder l'optimisme.

Leaders de demain, quels challenges ?

Les leaders de demain seront davantage challengés dans la compréhension de l'autre que dans l'approfondissement de leurs domaines d'expertises.

Comprendre les autres en restant soi-même, voilà le vrai défi : manager et progresser sans se renier ! Mais si on y arrive, on peut dépasser la seule capacité de décision, on peut **embarquer**. Embarquer dans la même œuvre, engager des personnes très différentes dans une aventure commune, c'est tellement **exaltant** !

Si je devais donner des conseils en trois points, les voilà :

- Soyez vous-même.
- Ne lâchez rien !
- Partagez, car seul, on est censé aller plus vite, mais ensemble, on va plus loin !

Mon petit truc

J'aime découvrir de belles initiatives et des projets qui me parlent, notamment sur LinkedIn (RH, management, transformations...). Cela m'inspire et me ressource d'observer, voire d'interagir avec d'autres personnes qui sont dans la même énergie que moi !

Mon mot d'ordre

Coopération !

Eh oui, contrairement à collaborer, qui signifie travailler, labourer (labeur) ensemble, coopération veut dire : **réaliser un chef-d'œuvre (opéra) ensemble**.

Voilà pourquoi la coopération, qui permet plus de performance ET de bien-être, est mon mot d'ordre !

Inès GRAVEY

*Intrapreneuse, Co-fondatrice Hospitalents,
Directrice d'hôpital*

Short bio... pas short du tout

J'ai eu un début de parcours assez classique. J'ai fait des études d'administration publique, une prépa ENA, puis l'EHESP pour devenir directeur d'hôpital. Après trois ans de DRH sur un grand groupe hospitalier, j'ai rejoint l'administration centrale. J'ai été très empreinte de la pensée publique, des approches technocratiques.

J'ai, de fait, beaucoup travaillé sur les sujets de restructurations hospitalières, tant au niveau terrain, en tant que DRH, en accompagnant des transferts d'unités entre établissements ou des fermetures, qu'au niveau ministériel, en portant des politiques publiques sur ces sujets.

En sortie d'école, j'ai eu, assez jeune, la charge de restructurations sur des territoires pas forcément favorisés, avec des centaines de professionnels concernés. Évidemment, la décision et les modalités de mise en œuvre de ces restructurations avaient été pensées au niveau stratégique, avec, somme toute, peu d'éléments co-construits avec le terrain, car c'était la seule manière de faire que l'on connaissait. J'adhérais à la nécessité de ces recompositions, souvent justifiées par la remise aux normes d'accueil des patients, et ne répondant pas seulement à un strict enjeu de rationalisation des investissements publics.

Mais en pratique, les conséquences humaines étaient lourdes. Les gens avaient construit leur vie autour de leur emploi dans des établissements, c'étaient souvent les plus grands employeurs du territoire. Parfois, même les choix des études de leurs enfants avaient été façonnés par les perspectives d'embauche dans ces sites. Alors, à 26 ans, quand on a la tête pleine de théories sur la soutenabilité du système et qu'on passe sa journée à expliquer aux personnels qu'ils vont devoir faire 2 h de transport en plus... forcément on se pose des questions. Des questions sur l'intérêt général, la définition de ce qu'est une organisation performante, une organisation soutenable, un bon manager, etc.

Je me suis dit que la complexité des problèmes auxquels je faisais face nécessitait d'autres compétences, d'autres références que celles que j'avais pu acquérir en formation ou que je voyais dans mon environnement professionnel proche. Je me disais que j'étais trop jeune pour être amère, qu'il devait y avoir une autre façon de produire et de porter les décisions publiques, de concilier logiques institutionnelles et besoin des professionnels, mais à l'époque, je ne savais pas comment faire, et tout le système, ou en tout cas la part du système dans laquelle j'étais, fonctionnait comme ça.

J'ai pensé que le ministère serait le bon endroit, là où la stratégie était pensée au plus haut niveau, hors du tumulte du terrain, pour construire des approches nouvelles. Je voulais aider à élaborer des démarches d'accompagnement humain et managérial des restructurations, je me suis dit que ce serait le bon endroit.

Une fois sur place, mes nouveaux collègues, souvent ultra compétents, étaient, en fait, largement accaparés par le process législatif et les missions de régulation. Et que contrairement à l'hôpital, en administration centrale, la collaboration directe avec le terrain, en dehors des mécanismes de représentation traditionnels, est concrètement assez limitée.

Ce qui me frappait également, c'était la différence de rythme entre l'administration centrale et mon expérience de terrain à l'hôpital. J'étais habituée à avoir la tête sous l'eau en permanence, de gérer des crises majeures, d'avoir des journées dantesques. Trois ans sans jamais pouvoir souffler. Le ministère, c'était une autre manière de travailler, du moins à cette époque.

Un jour, je suis tombée sur un proverbe, une sagesse chinoise : « *Dans un vase plein, on ne peut rien créer.* » C'est exactement ce qu'il s'était passé à l'hôpital. J'y étais complètement débordée, je n'avais aucun espace pour souffler et créer. J'ai compris que ce changement de rythme devait devenir mon espace d'inventivité et de créativité. J'ai commencé par un *side project*.

J'avais lu un bouquin co-écrit par des profs de HEC Montréal sur les communautés d'innovation. Ça parlait de comment on peut sortir des modèles traditionnels de R&D et d'innovation souvent positionnés au plus proche du DG et de fait déconnectés, en fédérant des expériences de terrain, hybrides, et en laissant la voix et la voie aux explorations. Ils s'appuyaient sur des success stories comme Décathlon ou Salomon. J'ai voulu expérimenter cela pour les acteurs de santé et j'ai fondé la communauté d'innovation *Hospitalents*.

Ce n'était pas forcément aisé de convaincre ma hiérarchie, mais j'ai trouvé une sponsor sensible au sujet et en dehors de ma ligne hiérarchique directe. Sans ce sponsoring haut placé, je n'aurais pas pu le faire, je la considère comme la co-fondatrice d'Hospitalents. La communauté d'innovation est devenue un réseau de plus de 200 professionnels hospitaliers très divers qui partageaient des expériences et des idées pour réinventer l'hôpital de l'intérieur. On y trouvait un mélange de médecins inventeurs, d'administratifs créatifs et d'autres hospitaliers surmotivés, tous avec des idées et l'envie de changer un peu les choses. Et puis, grâce à cette communauté, nous avons pu expérimenter l'organisation d'hackathons dans des établissements de santé, en mobilisant les professionnels de terrain sur de grands défis hospitaliers comme le bien vivre et travailler en équipe sur des journées entières, une première. Ça a été une expérimentation passionnante, difficilement soutenable sur la durée, mais passionnante. Et qui irrigue aujourd'hui d'autres programmes publics d'innovation portés par le ministère de la Santé ou des agences nationales du secteur santé.

En m'intéressant ainsi de plus près aux questions d'intelligence collective, à la co-construction, j'étais tombée sur une formation au *Design Thinking*, à la DITP (Direction interministérielle de la Transformation Publique). Ça m'avait fait un effet WOW !

Une respiration, un soulagement, j'avais trouvé l'approche et les idées que je cherchais ! Et un nouveau challenge : je devais trouver un écosystème hospitalier qui avait une longue pratique du design de service et qui avait du recul pour pouvoir aller plus loin que mes expérimentations au ministère.

J'ai fini par trouver ce recul chez Kaiser Permanente aux États-Unis. Dans le secteur de la santé, c'est un système intégré mondialement connu. Ils ont fait du design très tôt, dès 2003, ils étaient les pionniers qu'il me fallait. Je me suis débrouillée pour décrocher une bourse de recherche franco-américaine, la Harkness Fellowship, j'ai pris une année de break du ministère et je me suis installée pour un an à San Francisco avec mari et enfant.

J'y ai trouvé un système incroyablement performant, au sens de la performance globale. Chez

Kaiser Permanente, ils ont près de 12 000 personnels formés au design, ça fait aujourd'hui partie de leur boîte à outils courante. Alors même que c'est un mastodonte (250 000 agents) avec son lot inévitable de contraintes bureaucratiques, ils ont réussi une véritable révolution culturelle.

Dès qu'il y a un problème un peu résistant, avant de réfléchir à la moindre solution, ils vont d'abord faire une douzaine d'interviews avec des patients. Ils passent un temps fou en études ethno et sociologiques sur le terrain, mais c'est en fait du temps gagné sur la suite. Les patients, pour eux, ce sont des co-experts ! Lorsqu'il faut tester des solutions, ils prototypent très vite en « faible résolution » ou « faible fidélité » pour se confronter immédiatement au terrain. C'est la même logique que le MVP, le « *minimum viable product* » connu des *lean* start-ups. J'y ai trouvé une matière géniale pour ma thèse. Elle pourrait s'appeler : « Le design, cheval de Troie des bureaucraties sanitaires », mais je change de titre chaque jour en ce moment.

En tout cas, ce que j'ai vu à San Francisco m'a fait prendre conscience de l'ampleur du défi pour la France, pas en termes financiers, numériques ou juridiques, ce qui semble retenir l'attention de la majorité des acteurs du secteur, mais réellement sur le plan culturel. Un de mes mentors là-bas m'avait dit : « Inès, l'important, où que tu travailles, c'est que tu sentes que ton leadership comprend ce que c'est l'innovation, aies du respect pour l'innovation, sinon tu te battras contre des moulins à vent. »

Chez nous, tout le monde parle d'innovation, de confiance, d'expérimentation, de collaboration. Mais ce ne sont que des mots, et malheureusement, ça participe de la décrédibilisation de l'innovation en tant que discipline rigoureuse. Ceux qui ont compris que cela passe par des méthodes et des postures de collaboration qui rompent en partie avec nos façons de faire d'avant, et auxquelles il faut se former, sont encore peu nombreux. Et en pratique, ça percute fortement notre culture organisationnelle dans la santé hiérarchisée, survalorisant l'expertise technique et naturellement très averse au risque.

Nos écoles ne nous forment pas encore à cela, mais ce n'est qu'une question de temps. Le design, c'est partir de l'usager, et non de la technostructure. Partir de l'usager, mais pas n'importe comment, avec des outils et surtout des postures qui ne s'improvisent pas. C'est un changement de perspective, mais qui ne va pas sans remise en question.

On n'imaginerait pas nommer DRH dans nos établissements des personnes qui n'ont jamais ouvert le statut de la fonction publique, le Code du travail, et n'ont aucune expérience en gestion de projet. Pourtant, aujourd'hui, on nomme dans de grandes institutions santé, à la tête des directions innovation, des professionnels qui ne sont formés à aucune des compétences cœur de l'innovation (l'agile, le design, la *lean* start-up) et qui n'ont pas d'expérience dans des milieux plus avancés que le nôtre. Si on veut rattraper notre retard, il faut monter en maturité sur ces sujets, en reconnaissant d'abord qu'on ne sait pas trop faire en interne et qu'il faut associer des profils différents. Il faut également détechnologiser notre approche à l'innovation : le frein à l'innovation chez les offreurs de soins, il est d'abord culturel avant d'être un sujet de moyens financiers, d'organisation ou d'accès à la technologie.

Voilà où j'en suis à 32 ans. Je reviens en France avec la conviction qu'on a un système de solidarité qui vaut de l'or, mais que l'on travaille avec un référentiel culturel et des méthodes qui ne sont plus adaptées aux enjeux qui se présentent à nous, et je dois me trouver un terrain de jeu où je peux essayer de contribuer à changer cela.

L'étape la plus marquante dans mon parcours

L'hôpital. Je ne me sens pas encore très vieille, mais mes 3 ans sur le terrain m'ont fait prendre 10 ans d'un seul coup ! J'ai eu une vision un peu extrême des recompositions et de ce qui peut générer de la frustration dans notre système de santé, dès la sortie d'école. Cela a été incroyablement formateur et **fondateur** pour moi ; d'une certaine manière, ça a déterminé toute la suite : l'engouement pour les nouveaux modèles managériaux et de leadership et les méthodes qui pouvaient permettre d'accélérer la transition, comme le design.

Mon leadership

J'ai été formée pour être «**manager public**». Ça, c'est la théorie. Mais quand on vous lance, à 26 ans, avec plusieurs centaines de personnes qui vous sont rattachées, et avec zéro expérience professionnelle, je ne sais pas si cela vous permet de manager, vous **gérez** l'**urgence**, c'est tout.

Je n'avais pas le temps que j'aurais souhaité pour soutenir mes équipes, m'occuper de leur développement de compétences, de leur parcours. On m'avait inculqué qu'un manager public, c'est un décideur, un arbitre, un capitaine de navire. Mais décider dans un monde VUCA, ça se traduit surtout par l'inertie de nos administrations, les cycles de non-décision ou les fameuses décisions absurdes.

La résolution des problèmes ultra complexes qui se posent à nous dans la santé, aujourd'hui, nécessite un CV très différent...

Donc, à vrai dire, je ne m'identifie plus vraiment sous l'étiquette «manager public», qui pourtant était si forte en début de carrière. Je me vois plutôt comme **intrapreneur**. Je cherche à faire quelque chose, à mener des projets différents à l'intérieur du système, à échelle de fourmi pour commencer, mais avec un impact réel. Pour donner envie à d'autres qui pensent pareil et qui peuvent porter le changement à leur échelle et ainsi de suite... sans attendre que le changement vienne d'en haut.

Mon monde VUCA a commencé...

... à **l'hôpital, évidemment**! L'hôpital, c'est entièrement VUCA. C'est la crise tous les jours, mais tu ne sais jamais laquelle tu vas gérer aujourd'hui. C'est **totalement imprévisible**.

Paradoxalement, beaucoup de nos leaders et managers publics **restent assez spectateurs (parfois même sceptiques) aux mutations inédites** qui les entourent.

C'est assez flagrant aussi quand on regarde les systèmes et les programmes de nos **formations d'élites**, ou simplement les contenus des **grands médias professionnels**. Certes, on y parle de toutes ces mutations : les révolutions écologiques, digitales, sociétales, économiques, même managériales y sont abordées, même regardées à la loupe. Mais toujours depuis une **perspective** de simple **observateur** ou **analyste**. On ne nous apprend pas comment devenir acteur du changement à notre échelle, en mode : «Demain, je commence par quoi dans mon environnement de travail ?»

La crise avant-COVID qui m'a le plus appris...

... **était un moment clé, un jour, dans mon expérience de l'hôpital.**

C'était le jour où mon chef d'établissement est venu annoncer une des restructurations dont j'avais en partie la charge. Tout le monde savait ce qu'il était venu dire. **Il n'a pas pu prononcer un mot,** tellement il était hué. Il est reparti ce jour-là sans avoir pu dire ce qu'il avait à dire. Ça a été un moment fondateur, rétrospectivement.

Je n'avais aucune idée de ce qui aurait pu changer la donne, mais à titre personnel, j'étais convaincue qu'il fallait que j'aille apprendre d'univers différents.

La COVID & moi/nous

J'ai vécu le *lockdown* à San Francisco, en même temps que la France était en confinement. Les règles étaient un peu moins strictes en Californie qu'en France. L'évolution des cas de COVID y fut aussi plus lente, mais elle n'allait pas dans le bon sens. Pour autant, on ne sentait pas de panique. Les Californiens sont assez confiants en leurs décideurs publics.

Il n'y avait d'ailleurs aucune crise sanitaire palpable. Les hôpitaux n'étaient pas pleins, loin de là. En revanche, on a pu voir la **crise économique** de façon assez spectaculaire. Le nombre de gens dans la rue a explosé.

Le fait de ne pas être sur le terrain à gérer la crise moi-même, d'être confinée au rôle de spectateur alors que tant de mes amis étaient impliqués, n'a fait que renforcer mon envie de m'investir pour un autre après.

Leaders de demain, quels challenges ?

En France, on a tendance à croire que le leader, c'est celui qui a eu un gros concours il y a 20 ans, qui a eu ensuite une carrière toute tracée ; il tire sa **légitimité** de son **statut**, de son positionnement dans la chaîne hiérarchique, et concrètement des chantiers de performance publique qu'il ou elle a réussi à mener mieux que ses collègues.

Mais en anglais, la vraie **signification** de **leader**, c'est **celui qui embarque.** À voir le niveau de turnover dans nos établissements, directeurs compris, on réalise le chemin qu'il reste à parcourir pour rejoindre cette vision.

Le plus grand atout des leaders de demain sera **l'humilité**. Ne pas se valoriser soi, mais les autres, et se voir évalué sur son niveau d'engagement dans la résolution des problèmes rencontrés par nos usagers : patients, aidants et professionnels de santé.

Savoir accepter et dire : **« Je ne sais pas. »** C'est quelque chose qui m'étonne quand j'y repense : je crois que j'ai rarement entendu mes chefs dire « en fait, je n'en sais rien, on n'en sait rien, c'est pas à notre niveau qu'on peut décider ! ». Puis aller chercher la solution et l'expertise ailleurs que dans votre tête et plus près du terrain.

Quelques conseils concrets :

o **Formons-nous** à la **co-conception** avec les usagers, bref, au **design** !

o **Laissons costume-cravate et tailleurs dans nos penderies**, sortons du moule des élites, la hiérarchie, le formalisme, les codes à n'en plus finir, ça nous fait perdre un temps fou et nous détourne de ce qui compte vraiment.

o Consacrons **un jour par mois** à une **immersion** sur le **terrain**. Ça peut sembler simpliste, mais j'ai la conviction que si tous les managers publics le faisaient, notre système serait bien meilleur !

Mon motto

« Done is better than perfect. »

C'est une maxime venue du monde des start-ups qui ont bien compris qu'on ne peut pas perdre du temps et de l'argent à construire des choses parfaites qui ne verront sûrement jamais le jour. Mieux vaut tester petit et imparfait, mais réel. Quand on est issu du moule administration publique, c'est un vrai challenge.

Florence HERMELIN

Directrice Stratégie & Innovation GroupM (WPP)

Short bio

Ma carrière a commencé avec la crise. Après des études à Sciences Po, avec un troisième cycle marketing, je m'attendais forcément à une carrière toute tracée et fluide. Mais on était en 93, ce fut épouvantable pour les jeunes qui déferlaient surdiplômés, la tête remplie de rêves, sur un marché de l'emploi en crise. Ce fut un début très dur. Mais ensuite, j'ai eu la chance de faire mes premiers pas auprès d'une cheffe brillante. Elle m'a fait une confidence surprenante : « Tu verras, nous sommes entourés de beaucoup d'idiots, le problème, c'est que souvent, ils ont le pouvoir. Il va falloir que tu apprennes à faire avec. » Cette phrase ne m'a plus quittée depuis.

À 25 ans, mon premier bébé dans les bras, on m'a diagnostiqué un cancer à un stade avancé. En rémission, je me suis retrouvée sans travail, mais j'ai compris à ce moment-là que le sens était plus important que la position. C'est là que j'ai reçu un appel de Sciences Po pour prendre la responsabilité du DESS Marketing, créé par le directeur de l'époque. Transmettre, suivre les travaux et les stages de 52 étudiants, une expérience exaltante !

J'ai ensuite rejoint le Groupe NRJ pour diriger le marketing de la marque à la régie. Forte de mon expertise sur les jeunes, j'ai développé un cahier de tendances sur la cible très suivie à l'époque, YOU-THology. J'ai poursuivi ma carrière chez Fullsix, où je gérais de très grands comptes sur le digital, avant de rejoindre Publicis Média, pour diriger une équipe de 40 collaborateurs en charge de la business intelligence. Aujourd'hui, je suis sur un positionnement beaucoup plus transversal : avec la direction stratégie & innovation de GroupM, j'accompagne les agences du groupe et leurs clients dans leur réflexion sur les enjeux de la transformation digitale et la prospective.

La liberté de penser que me donne ce rôle et la variété des sujets que je traite au quotidien me conviennent parfaitement.

L'étape la plus marquante dans mon parcours

Le jour où j'ai accepté qui j'étais !

Avant, j'étais mal à l'aise avec un parcours que j'estimais dans une trajectoire **non conventionnelle** et non linéaire par rapport à mon niveau d'études. Je sentais aussi que mes propositions et mes approches étaient différentes et je pensais devoir rentrer dans le moule. Mais dans les faits, je suis un **mouton à cinq pattes**, je ne rentre pas dans le cadre, et si mon parcours fut semé d'embûches, il fait ma richesse.

Quand j'ai compris que ma différence était ma force, cela a tout changé. Cela n'a pas été immédiat, c'était au début de la trentaine que j'ai pris conscience que toutes les expériences que j'avais engrangées ne m'avaient pas alourdie, mais enrichie. Cette prise de conscience de qui j'étais, ce pacte de la paix avec mon parcours, m'a donné une forme de liberté et une identité. C'est là que j'ai décollé.

Comment ?

Tout d'abord en m'autorisant à **croire en moi**, d'abord par défaut, en me comparant à des managers peu performants, puis positivement. Je me suis dit qu'une autre voie était possible, que je pouvais prendre toute ma place.

C'est là que j'ai commencé à **oser**. À côté de mes missions bien définies et bien cadrées, j'avais une passion : comprendre la cible jeunes et identifier les tendances associées. Cette passion n'était pas vraiment centrale dans mon job. J'ai pourtant pris le risque d'en faire un projet et de le proposer, consciente qu'on aurait pu me le reprocher.

C'est ainsi que mon projet et moi avons commencé à grandir. Comme c'était une **passion**, je m'y suis investie corps et âme. Attachée tant au fond qu'à la forme, j'ai dépassé mes espérances en recevant un premier prix en études et un autre en design et fait de cette étude une référence.

Je continue aujourd'hui à développer des projets inédits dans mon milieu au service de la problématique de mon Groupe. C'est devenu une seconde nature.

Mon leadership

Parmi les qualificatifs de leader, dirigeant, manager, entrepreneur... je retiendrais celui de **leader.** Je sais entraîner les individus dans un projet en identifiant leur potentiel individuel pour le mettre au service du collectif. Sans les autres, aucune idée ne peut vraiment prendre corps.

Je suis à l'aise avec le fait d'orchestrer le travail de personnes hyper dynamiques en quête de nouveauté d'une part, et d'autre part, ceux plus conformistes ou ancrés dans leurs habitudes. Marier les extrêmes, c'est difficile, mais nécessaire. On a besoin de tous les talents, des rapides et des lents, des surinvestis et des gens en retrait. Ce n'est pas toujours simple, mais j'ai souvent eu de très belles surprises.

Dans une équipe de quinze, il y a toujours cinq qui tirent la machine, et ce sont les ambitieux. Il faut savoir s'appuyer sur eux et les aider à grandir. Même si c'est ceux-là qui voudront tôt ou tard vous piquer votre place. Le management, c'est ça, in fine.

Je m'épanouis plutôt dans la fédération de talents autour de projets que dans le management hiérarchique direct. J'ai donc davantage un **leadership de projets** qu'un leadership managérial.

En tant que leader de projet, on peut fonctionner par la bienveillance non autoritaire, la motivation par la **beauté du projet.** Après, il faut toujours s'assurer qu'il y a bien un copilote du projet avec des objectifs et des livrables clairement identifiés. La réussite d'un projet repose essentiellement sur la **clarté** de la temporalité, de l'ambition et des livrables. Une fois ce cadre posé, je deviens Madame Loyale. Dans les faits, cela se résume à un mot d'ordre : redynamiser en permanence !

Je me décrirais aussi volontiers comme une **leader assertive** : pareille dedans que dehors. Ce n'est pas toujours simple en entreprise d'être soi, de dire ce que l'on fait et de faire ce que l'on dit, en transparence. La politique m'intéresse peu.

Mais je reste clairement une manager femme. Le pouvoir pour les hommes est un objectif ; pour les femmes, c'est davantage un moyen. En tant que femme, je pense avoir plutôt cherché une **troisième voie.**

Mon monde VUCA a commencé...

... en avance !

Je suis de la **génération des crises.** Ma petite enfance fut marquée par les chocs pétroliers et je faisais partie de ces jeunes, à peine adultes, à qui l'on disait que faire l'amour pouvait tuer : le SIDA nous guettait.

J'étais ensuite très en avance sur la prospective digitale grâce à mon cahier de tendances. J'ai très tôt averti sur les enjeux de Facebook, Twitter, etc.

Dès les années 2000, on pouvait constater que la courbe d'apprentissage devenait ultra dynamique, les comportements changeaient très vite. Ces mutations ont évidemment bouleversé tout mon travail ; en tant que « marketeur », on est au cœur du monde VUCA. Et c'est passionnant !

Beaucoup de gens reprochent au **digital** d'être froid et de tuer les liens, mais quand on y regarde de près, le digital est un **démultiplicateur de liens qui se concrétisent IRL,** *in real life* !

Regardons l'impact du digital sur la période du confinement : sans le digital, le confinement aurait été autrement plus catastrophique. Il nous a permis de surmonter socialement cette crise en maintenant le lien.

La crise avant-COVID qui m'a le plus appris...

... s'est déclarée lorsque j'avais 25 ans. Une crise humaine, existentielle, totale.

Quand on vous annonce un cancer à stade avancé à cet âge, vous apprenez « la vérité » avec 20 ans d'avance. La « **vérité** », c'est ce qui compte : les **valeurs** et les **relations**.

La deuxième crise, peut-être bien moins grave, était celle d'accepter ce que je suis profondément et de le valoriser : **un électron libre.**

Sortir de ma zone de confort intelluelle, trouver de nouvelles idées, anticiper demain, c'est évidemment essentiel pour moi. Mais dans une entreprise, cela peut être considéré comme accessoire, comme un « plus », non essentiel au business. À chaque crise économique, je pourrais être la première à sauter.

Cela ne me fait plus peur aujourd'hui. Tout simplement parce que je suis devenue **résiliente** ! Je sais que je sais m'adapter et rebondir. Je *leade* des projets, pas des hommes. Je ne suis pas tributaire d'une organisation.

J'ai aussi appris une chose sur la résilience des femmes :

La **pire ennemie de la femme,** c'est peut-être la femme elle-même ! Contrairement aux hommes, elles manquent encore terriblement de solidarité entre elles quand elles arrivent à des postes importants. Les hommes, eux, sont solidaires et se protègent.

Parfois, on a l'impression que le pouvoir n'est pas naturel pour les femmes et elles essaient alors d'être comme des hommes. Mais cela ne leur réussit pas !

Les femmes doivent aussi **prouver deux fois** qu'elles sont capables. Une première fois, qu'elles y sont arrivées. Une deuxième fois, qu'elles ne doivent pas leur réussite à la *promotion canapé*.

Mais revenons à la question des crises : j'aime rappeler que les Chinois emploient le terme « *Wei-ji* » pour désigner la crise, transcrit avec deux caractères. Le premier symbolise « ***danger*** », le deuxième, « *opportunité* ». Les deux sont donc intimement liés. La créativité et l'innovation naissent de la contrainte !

La COVID & moi/nous

Cette crise avec son confinement a plutôt été une **opportunité** pour moi.

Professionnellement, cela ne m'a pas beaucoup impactée, car j'ai continué à beaucoup travailler, mais j'ai surtout gagné en qualité de vie. Je me suis beaucoup rapprochée de mes enfants. Et c'est là l'essentiel pour se ressourcer.

Le télétravail nous a permis de constater à quel point une culture d'entreprise se construit particulièrement sur les « **à-côtés** » et non sur le travail en tant que tel. Cela nous permet de nous poser les bonnes questions sur les leviers de la performance.

Le monde va être compliqué et chahuté. Il va falloir composer avec, à défaut de lutter contre. On voit bien qu'un quart des gens a vraiment peur. C'est inédit !

Et les **valeurs** ont été **bouleversées**. Les (métiers) invisibles sont devenus visibles et vice-versa. Cela oblige à redéfinir la hiérarchie des valeurs et la valorisation des métiers. Sans parler des modes de travail. Dans les métiers des services, hormis les services à la personne, tout, absolument tout est largement possible à distance !

Leaders de demain, quels challenges ?

Le management va devenir clairement **plus féminin** : plus de bienveillance, d'empathie pour une meilleure productivité collective !

Le challenge sera de réussir un juste **équilibre**, d'être à la fois ferme et souple. Cela exige d'être très au clair avec soi-même.

Il sera également essentiel de savoir manager la complexité des relations. Attention, il ne suffit pas de considérer les relations managériales du haut vers le bas. Un bon leader devra plus que jamais savoir *manager son manager*.

Ce que je conseille aux leaders de demain :

- Ne réfléchissez pas en équipes ni en missions, mais en projets.
- Sachez mixer les expertises.
- Soyez ouverts, empathiques et curieux.
- Acceptez les échecs, les vrais et ceux que l'on vous renvoie. Pour apprendre !
- Ne vous interdisez rien : si quelque chose vous anime, vous motive, foncez, vous pouvez le faire !
- Apprenez à vous connaître : sollicitez des feedbacks et faites-vous coacher.

Mes petits « trucs »

Pour retrouver la sérénité :

J'écoute de la **musique**. La musique vous ramène à vos émotions, et donc à votre **intuition**. Il faut cultiver l'intuition, elle est meilleur conseil que la rationalité pure. J'aime également lire, surtout sur *Koober*. Cela me permet de faire des **lectures** rapides, mais intelligentes.

Pour m'aider dans les décisions importantes :

Je pratique la ***pensée magique***. Comment ça marche ? Vous ouvrez une page au hasard de votre livre du moment. Puis lisez-la en essayant de comprendre vers quoi elle vous guide. Encore une excellente méthode pour quitter le rationnel et s'ouvrir à l'intuition. Essayez, vous verrez !

Catherine JACQUET

Directrice Conseil Deloitte France

Short bio

J'ai un parcours hybride. Après des études de sciences politiques, j'ai commencé dans le privé dans le domaine de la communication. J'ai ensuite travaillé pendant 7 ans dans la fonction publique territoriale sur un poste de direction, avant de retourner dans le privé. J'ai alors rejoint le cabinet Synergence comme directrice du pôle Social. J'ai beaucoup appris et évolué sur les questions de coaching, de l'accompagnement RH et la RSE, on m'a confié le poste de directrice générale adjointe. Lorsqu'en 2015, Synergence a été racheté par Deloitte, j'ai travaillé sur les questions du développement durable, notamment le volet social. Je retrouve actuellement de nouveau les projets du «capital humain». J'ai d'ailleurs récemment obtenu mon DU en «coaching et performance mentale», et ce sont bien ces sujets-là qui me passionnent le plus !

L'étape la plus marquante dans mon parcours

Une mission extraordinaire, un projet de 3 ans au Maroc.
C'est une étape assez récente. Il s'agissait d'accompagner la **transformation** de la culture

managériale du plus grand opérateur industriel marocain. C'était une immersion culturelle qui m'a tout simplement **étonnée** et **émerveillée**. Je m'y suis investie entièrement, jusqu'à faire 60 déplacements en 3 ans, en manageant une équipe multiculturelle. Au bout de 2 ans, l'un de nos partenaires sur place m'a fait l'un des plus beaux compliments de ma vie professionnelle. Il me demandait d'abord : « Comment tu as fait pour nous comprendre ? » Quand je lui ai demandé pourquoi il me posait cette question, il m'a répondu : « Parce que tu as réussi à **nous comprendre !** »

Contrairement à beaucoup d'idées reçues sur la maturité organisationnelle et managériale des entreprises marocaines, j'ai été frappée par la **modernité** que j'ai trouvée sur place.

Il faut dire que le patron de l'entreprise, un haut fonctionnaire, a été professeur au MIT, et c'est un vrai leader à la fois **visionnaire, charismatique** et **facilitateur**. Il s'était lui-même fait coacher par *Vincent Lenhardt* et il avait parfaitement compris que pour transformer l'entreprise, il faut d'abord **se transformer soi-même, puis transformer les gens.**

J'ai trouvé dans les approches et les postures rencontrées sur place quelque chose de très subtil et éminemment moderne, malgré une culture a priori patriarcale. La commande sur place n'était d'ailleurs pas que nous, les consultants français et marocains, fassions à leur place : ils nous voulaient à leur côté, à la fois présents et à distance, comme un effet miroir, mobilisant l'ensemble de notre champ d'expertise pour les aider à se transformer et capitaliser leurs avancées pour les modéliser et les diffuser ensuite. Et il n'y avait aucune peur. En **France**, quand on me fait intervenir, je sens souvent une grande **peur du chaos**, les clients n'aiment pas qu'on les bouscule. Au Maroc, on nous a demandé de créer le chaos. Rien de moins. À eux ensuite de sortir du chaos. On nous disait : « **Créez le chaos,** cela nous permettra de changer. À nous de **rééquilibrer** ensuite et de créer le **mouvement**. »

Ils voulaient transformer leur modèle d'entreprise pour avoir un réel impact sur la planète tout en sécurisant leur droit d'opérer sur le long terme, à un niveau mondial. Et cela comprend trois caractéristiques clés : être une entreprise de la **diversité**, ayant réussi le pari de la transformation **digitale** des métiers, et surtout **apprenante**.

Comment ils s'y sont pris ? Au travers de trois leviers majeurs :

1. Une grande démarche **intrapreneuriale** autour de l'innovation (managériale, technique, sociétale, industrielle…) accompagnée par du partage de connaissances à tous les niveaux.

2. Un **suivi** et un **dialogue** autour des enjeux clés, avec des pilotes volontaires sur le terrain, des essais incluant le droit à l'erreur, et pour ancrer les réussites, la valorisation de témoignages de ceux qui faisaient et l'identification d'indicateurs simples, concrets.

3. La **célébration** des étapes importantes.

Mon leadership

Je suis **manager** *facilitant*, c'est un leadership qui ne s'impose pas.

Je pense qu'il faut savoir casser les logiques hiérarchiques. Je sais aller chercher les choses par un management très **participatif**. J'aime beaucoup valoriser les jeunes qui débutent et les plus âgés qui sont les exclus invisibles de nos organisations tournées vers le jeunisme. Je **délègue** énormément et je permets aux personnes qui travaillent avec moi d'être identifiées sur des projets : l'inclusion n'est pas qu'un mot, il faut aussi veiller soi-même à ne pas toujours privilégier les mêmes personnes, celles qui pensent comme nous... C'est un effort de posture.

Cela m'a d'ailleurs valu des trahisons.

C'est pourquoi je suis aujourd'hui implacable sur le principe de **réciprocité**. Je donne beaucoup, mais s'il arrive que des personnes ne fassent que profiter de moi, sans donner en retour (à moi, mais surtout aux autres autour d'eux,) je les sors alors définitivement de mon réseau. Je donne, mais il faut donner en échange, c'est la notion de don et contre-don chère à Norbert Alter que j'essaie de mettre en pratique.

La **confiance**, à la fin, ça paie toujours. Mais on n'est pas un monde de Bisounours ; si on fait confiance, on est aussi parfois **trahi**. Il faut apprendre à gérer cela.

Mon monde VUCA a commencé...

... avec **l'âge** ! Quand Synergence a été rachetée par Deloitte, je suis très vite partie dans cette longue mission au Maroc. Cela m'a un peu coupée du reste.

Quand je suis revenue, le modèle de gouvernance avait changé et il n'y avait **plus de place pour moi**. Le management avait été partiellement remplacé par deux jeunes femmes qui n'avaient jamais travaillé avec des personnes de plus de 40 ans et cela se sentait. J'arrivais à la cinquantaine et je n'étais pas préparée à cet âgisme. Je me suis donnée 2 ans pour m'en sortir.

J'ai commencé à faire savoir, à valoriser ce que j'avais fait au Maroc jusqu'à ce que le projet devienne une référence de Deloitte Développement Durable. J'ai dû chercher cette reconnaissance en dehors de mon ancienne équipe (que j'avais contribué à intégrer, puisque je m'occupais en tant que DGA de la fusion en 2015), je devais **imposer mon exigence de réciprocité**, devenir légitime.

Ce n'était pas facile, car au-delà de l'âge, la culture de cette grande entreprise est aussi assise sur les grades avec une logique encore assez hiérarchique, et je n'étais pas associée... juste le grade en dessous, « directeur ». Mais heureusement, j'ai décidé de bifurquer dans le Consulting au sein de l'équipe Capital Humain qui m'a accueillie pour contribuer au développement des équipes *Change & leadership*. Un pas de côté toujours en direction du développement de l'entreprise sociale qu'attend notre époque.

La crise avant-COVID qui m'a le plus appris

C'était certainement cette prise de conscience de l'âgisme, de mon VUCA personnel. Malgré l'issue favorable, je garde aujourd'hui cette conscience de la **vulnérabilité** de ma légitimité, vulnérabilité liée aux conflits de territoire dans lesquels l'âge peut être fragilisant.

J'ai surtout appris que je devais être plus **vigilante** et **exigeante** sur ce qui était mon dû. J'avais par exemple sous-estimé l'importance du statut dans une grande structure. Ce sont plus souvent les femmes qui tombent dans ce piège. Elles pensent trop souvent qu'il suffirait d'être compétentes et avoir bien fait les choses. Elles sous-estiment la force du statut, qui est très masculin.

Cela m'a également permis d'éprouver ma résilience. Je ne suis la femme et la fille de personne. **Je dois tout à moi-même.** Je réfléchis toujours au **coup d'après** et je ne me satisfais jamais de ce que j'apprends.

La COVID & moi/nous

Dans un premier temps, la COVID ne m'a pas beaucoup impactée, même si elle a mis un coup d'arrêt à mes projets à l'international (je devais retourner au Maroc, en Tunisie, en Roumanie et aller au Congo).

Le télétravail, quand on est consultant, c'est la normalité. Donc il a été facile de poursuivre l'activité. Le plus difficile était le sentiment d'isolement, car je venais de rejoindre une nouvelle entité et les liens n'étaient pas encore créés.

J'ai décidé de mettre à profit le confinement pour **me former** davantage.

Mais même si les impacts directs furent pour moi limités, je pense que globalement, pour l'entreprise, les mois et années à venir vont être compliqués. On a beau être un secteur qui connaît le télétravail, nos clients auront d'autres attentes, d'autres contraintes, beaucoup ne pourront plus se payer du conseil. Nous allons devoir nous aussi **réinventer notre modèle,** c'est inéluctable.

L'incertitude est immense. J'y fais face en me **formant** (par exemple, actuellement, j'apprends l'arabe moderne !) et en restant très **ouverte**.

Leaders de demain, quels challenges ?

Le nouvel ordre de demain sera **l'éthique**.

C'est quelque chose d'inédit. Il ne suffira plus juste de basculer de l'autoritarisme à la bienveillance. L'éthique, c'est aussi une question **d'équilibre**. Et cela nous ramène encore une fois à la question de réciprocité.

Les leaders de demain seront attendus sur leurs capacités à créer des **pactes**.

Oubliez le statut, cultivez la **réciprocité** !

Structurez votre **réseau**, pensez **inclusion**, surtout en ce qui concerne l'âge, tout le monde est concerné !

Plus concrètement, si vous êtes en situation de management d'équipe, débrouillez-vous pour créer et cultiver un lien **de réciprocité, à la fois bilatéral et multilatéral.**

Méfiez-vous des effets pervers de groupes en vous préparant individuellement à connaître vos biais, vos stéréotypes, vos croyances pour agir dessus et ne pas encombrer les organisations avec vos « défiances individuelles et collectives ».

Mon « petit truc »

Quand j'ai une décision difficile à prendre :

- D'abord, je **m'isole**, je m'entretiens avec moi-même.
- Ensuite, je demande l'avis d'une personne de **confiance**, mais **extérieure** à la problématique.

Il m'arrive aussi de tirer des cartes de **tarot zen**. Pas besoin d'y « croire ». Mais cela donne des idées, cela **inspire**. Et le fait de **sortir du rationnel** vous fait reposer les choses différemment, cela vous ouvre des **perspectives** nouvelles. Je crois vraiment qu'il n'y a pas de hasard… !

Olivier KUDLIKOWSKI

DRH Commercial International – KLM-Air France

Short bio

Marié, père de trois enfants et grand-père de deux petits, mon parcours peut être décrit en trois lignes fortes :

- La passion de **l'aéronautique** et du transport aérien. Mon père était pilote privé et également expatrié, ce qui m'a valu une enfance marquée par les changements de pays fréquents et les destinations lointaines. Sans parler des relations humaines et amitiés que nourrissait mon père avec les personnels d'Air France dans nos lieux de vie. Dès mon enfance, j'ai associé le transport aérien et notamment la compagnie Air France à des moments et des souvenirs d'émerveillement.

- **L'intérêt général** : De profil littéraire, j'ai fait des études de droit public, ce qui a forgé en moi des valeurs de service public et d'intérêt général. Air France paraissant avec ce bagage inaccessible, je me suis orienté vers la Direction générale de l'aviation civile (DGAC, ministère des Transports) en tant qu'attaché d'administration. C'est finalement cette « rampe » de l'administration centrale qui m'a permis de me projeter et d'atterrir chez Air France, après un passage à la SNECMA et Air Inter.

- Le goût des **relations humaines** : je suis une personne qui se construit dans le lien. Le métier des RH fut pour moi une évidence, et c'est tout naturellement que j'ai choisi de débuter ma carrière à la DGAC dans le suivi social du monde aérien, sous l'autorité d'un directeur du travail.

Avec un parcours RH et managérial, j'ai ainsi eu la chance de pouvoir faire converger une carrière professionnelle avec mes passions.

L'étape la plus marquante dans mon parcours

Il y en a deux ! Et elles sont intenses…

1) L'étape fondatrice qui m'a forgé et qui a conditionné la suite a été celle de **mes débuts chez Air France.**

Christian Blanc, PDG d'Air France de l'époque, avait pris la décision de catapulter à Air France une dizaine de cadres d'Air Inter, dont moi, sur des postes qui étaient normalement réservés à des directeurs confirmés de la compagnie. *Homme de rupture*, Christian Blanc ne me connaissait pas et aimait prendre des risques.

Il a ainsi souhaité lutter contre une forme d'enfermement et de repli sur soi de la fonction RH. Me voilà donc nommé à 33 ans DRH des Escales de Paris, l'un des postes les plus prestigieux de l'époque pour la fonction, pour lequel je n'avais, aux yeux de tous, aucune légitimité. Il m'a fallu plus de

12 mois pour me faire accepter par mes pairs. Un *saut dans l'eau froide* rude et intense, car l'entreprise vivait une crise sociale profonde. C'est ainsi que j'ai appris à me tenir à flot en terrain hostile sur une longue période.

2) L'étape la plus riche de mon parcours fut celle de la **fusion Air France – KLM.**

Je fus nommé DRH Cargo, entité choisie pour être l'un des laboratoires de la fusion. Je reçus carte blanche pour en faire également, avec mon collègue DRH de KLM, un laboratoire de la DRH. Une expérience enivrante : nous étions des pionniers ! En fusionnant, KLM et Air France avaient créé le premier opérateur de cargo aérien sur le plan mondial, le secteur était en plein boom. Et nous étions là pour structurer et façonner cette entité. J'allais de découverte en découverte : l'international, l'entreprise KLM, sa culture, son organisation, ses modes de faire, avec des cadres de haut niveau… Il y avait aussi le challenge de *positionner la fonction DRH comme stratégique*, chose acquise chez Air France et dont il fallait convaincre KLM.

Je retiens de cette étape le goût de *l'exploration et de l'ouverture*, et la puissance de ces leviers pour avancer.

Mon leadership

Parmi les qualificatifs de leader, dirigeant, manager, entrepreneur… je retiendrais celui **de**

mentor interne. Pourquoi ? Parce que je suis sur une fonction qui doit certes proposer, convaincre, mais aussi engager les managers et sa propre équipe.

Mon style de management a évolué dans le temps. J'étais pendant longtemps dans une posture de leader, dans laquelle j'actionnais des leviers d'impulsion, de proposition, d'animation.

Depuis quelques années, je pratique un management avec une posture plus proche de celle d'un **coach**, et je constate que mes collaborateurs s'épanouissent davantage. La capacité de proposition et de travail du collectif y gagne sensiblement.

J'ai beaucoup appris avec les collègues KLM : leur culture de travail, très **pragmatique**, repose sur la cohésion du **collectif**, tandis que chez Air France prédominait jusqu'à récemment une approche plus hiérarchique. Je me suis ainsi imprégné de cette culture KLM : le chef tout seul n'est rien, c'est l'équipe et le collectif qui font la différence.

Mon monde VUCA a commencé...

... avec la découverte dès 2003 de nos collègues KLM et de leur façon de travailler.

Nous avons été culturellement très étonnés de voir à quel point la relation au travail pouvait être différente chez nos collègues cadres de KLM, très en avance sur leur temps en la matière.

Totalement **décomplexés**, avec un rythme vie privée/vie professionnelle beaucoup plus équilibré, ils affichaient une forme de recul dans l'organisation de leur travail. Leur rythme pouvait nous paraître détonant, voire choquant : à 18 heures, ils rentraient chez eux et **s'occupaient de leur famille**, alors que nous étions très fiers de rester au bureau jusqu'à 20 h ou 21 h !

On pouvait aussi appeler un cadre en plein jour et découvrir qu'il était chez lui, parce qu'il avait décidé qu'il travaillerait mieux chez lui pour finaliser un dossier... Sans parler d'une **tendance naturelle à s'appuyer sur les technologies**, par conf call, puis visioconférence. Ce qui fut d'autant plus déconcertant pour nous, cadres Air France, qui avions plus de mal pour certains d'entre nous à nous exprimer en anglais et devions ainsi nous confronter à une double barrière : linguistique et technologique !

La crise avant-COVID qui m'a le plus appris...

... était d'ordre culturel, et encore une fois, se situe dans le contexte de la fusion Air France et KLM.

Ma nomination DRH Cargo est intervenue à 3 mois de la fusion officielle du cargo Air France-

KLM. Celle-ci avait été préparée pendant deux ans par un petit cercle de cadres dirigeants des deux compagnies. J'ai alors constaté que cette préparation de la fusion n'avait pas suffisamment intégré les aspects culturels et managériaux. Malgré mes doutes, ma hiérarchie était confiante. Cela s'était bien passé au *top level*, cela allait donc bien se passer entre les cadres, puis le reste allait se faire par « diffusion ». Ce ne fut pas le cas...

Après un bel évènement de lancement, 500 cadres dans les deux sièges sociaux se retrouvèrent à travailler dans la réalité quotidienne ensemble, sans réelle acculturation préalable. Ce fut brutal. Une véritable **crise managériale** éclata, se matérialisant par une pétition de 150 cadres d'Air France qui dénoncèrent une souffrance au travail liée à la fusion. Si le comité de direction comprit la gravité de la situation, personne ne put identifier les véritables causes ni ce qu'il fallait faire ; même les organisations syndicales étaient perdues.

Le CODIR décida donc **d'aller au fond du problème.** Il missionna mon collègue KLM et moi-même pour mener une large enquête permettant de comprendre d'où venait la souffrance et d'en tirer des conclusions transformables en préconisations et actions.

Pour cette enquête, nous activâmes chacun des méthodes de notre « maison d'origine » : mon collègue organisa des **réunions d'expression collective** pilotées par le management, alors que je lançai des **entretiens bilatéraux**. En **croisant** ce qui sortit de ces deux démarches, nous constituâmes une matière riche, consistante et étayée. Les conclusions furent sans appel et pointèrent un échec d'ordre managérial, culturel et organisationnel de la fusion. Nous présentâmes ce rapport sans fard au CODIR, qui l'accepta et le valida. Il mit alors en œuvre un projet impliquant l'ensemble de la ligne managériale, intitulé « *Everybody on board* », dédié à tous les aspects de nos relations de travail, du linguistique au culturel, en passant par nos méthodes de travail et les ajustements de l'organisation.

À titre d'exemple, une de nos difficultés était la différence de niveau de maîtrise de l'anglais entre cadres Air France et KLM. Cela générait un complexe d'infériorité chez les cadres Air France. Et cela frustrait les cadres KLM, qui, ne sachant pas que le problème était linguistique, interprétaient les silences de leurs nouveaux collègues comme une forme d'arrogance ou de non-engagement.

J'ai alors demandé à tous les cadres Air France de passer un test de niveau en anglais et de partager les résultats avec leurs collègues KLM afin que tout le monde prenne conscience des réalités de l'autre et que personne n'ait à se cacher. Et nous avons évidemment déroulé un large plan de formation à partir de ces bilans.

Une autre difficulté venait des différences culturelles en termes de modes de travail collectif, les *working mecanisms*, et au cœur de ceux-ci, les réunions. Quand les cadres français se réunissaient, c'était le plus souvent pour faire des brainstormings, peser ensemble les pour et les contre, réfléchir ensemble. La décision était ensuite prise par le chef… C'est pourquoi une réunion « à la française » se passait souvent de préparation, voire d'ordre du jour.

A contrario, une réunion « à la néerlandaise » n'était pas une réunion de travail, mais une réunion de décision collective. Chacun venait en ayant minutieusement préparé les différents points à l'ordre du jour. La réunion servait ensuite à présenter les différentes options et à décider.

Le CODIR comprit que les deux approches étaient légitimes et prit le parti de tirer le meilleur des deux en demandant aux uns comme aux autres de faire évoluer leurs pratiques : aux cadres KLM de prévoir plus de temps de réflexion collective, aux cadres Air France d'intégrer la nécessité de préparer les réunions, et ce à partir d'un ordre du jour prédéfini.

Ce que je retiens de cette expérience ? Que dans la crise, la meilleure arme, c'est la *franchise*, *l'acceptation* de la gravité de la situation et la *transparence dans la mise en œuvre des plans d'action*.

J'ai là encore beaucoup appris de mes collègues de KLM, avec leur **culture du pacte**, consacrant la réciprocité des efforts et des engagements, le *pragmatisme* et le *droit à l'erreur* : la capacité d'admettre les erreurs et d'accepter l'échec comme un évènement normal, voire bénéfique, dans une démarche de progression.

La COVID & moi/nous

Tout d'abord, le secteur aérien est un secteur de crise et d'incertitudes par essence. C'est un secteur extrêmement vulnérable et dépendant des évolutions géostratégiques. **La crise, c'est notre ADN !**

Pour autant, nous sommes confrontés avec la COVID à la crise la plus grave de l'histoire du transport aérien depuis la Deuxième Guerre mondiale. Elle marque la **fin d'une ère** et nous en sortirons profondément transformés.

Depuis le début de cette crise, j'ai été très impressionné par **l'attachement** et **l'engagement** de l'ensemble des salariés d'Air France, leur farouche volonté de faire face et de se battre pour la survie de la compagnie.

Face à cette crise, notre direction générale tint un discours de vérité, direct et transparent. Le management s'adapta immédiatement.

Le premier challenge d'un point de vue managérial a été de *garder le lien malgré la distance.* La culture KLM aidant, les pratiques de télétravail ont été faciles à déployer, mais il fallut accompagner le management dans cette aventure.

Nous avons réalisé un suivi rapproché en CODIR des questions du management en distanciel. Nous avons également édité une lettre managériale très appréciée des managers, leur donnant des conseils en matière de management à distance, ainsi que des éclairages sur les procédures et la réglementation.

Le deuxième challenge dans une crise de survie et d'incertitude majeure a été de **donner de la perspective.** Une stratégie de survie fut établie dans un temps record.

Il s'agira désormais de mettre en œuvre cette stratégie, y compris les décisions les plus difficiles.

Il s'agira également de faire un retour d'expérience très approfondi de cette période, car c'est en ces temps de crise absolue que l'on apprend le plus.

Leaders de demain, quels challenges ?

Nous allons devoir naviguer dans un monde fait de disruptions organisationnelles, relationnelles, et de bouleversements de systèmes. Les savoirs, processus et systèmes seront de plus en plus périssables. Les leaders de demain seront encore plus attendus sur leur capacité à donner du sens, de la vision et du partage de valeurs.

Ce que je leur conseille :

- Se remettre en question, continuellement : **ouverture** et **curiosité**.
- Observer et apprendre des autres : nous sommes tous entourés de gens exceptionnels, qui ont plein de choses à nous **apprendre**.
- Faire appel avant tout à son **intelligence émotionnelle**. Face à un monde VUCA, totalement incertain, le manager doit apprendre à reconnaître,

maîtriser ses émotions et gérer celles de ses collaborateurs, forcément négatives face au stress du changement permanent.

\- Explorer : explorer son environnement, explorer les autres, mais avant tout **s'explorer soi-même** !

Mon adage

Celui de Nietzsche : « Ce qui ne tue pas rend plus fort. »

Luisa MUNARETTO

*Entrepreneure et Investisseure, Fondatrice de
TECH IA Impact Invest Paris Delhi*

Short bio

Titulaire d'un doctorat en économie et finance de l'Université de Turin, j'ai obtenu un MBA grâce à un prix de la Banca di Roma, qui venait récompenser la qualité de mes recherches en matière d'ingénierie financière.

Je suis de la première génération de femmes qui ont vu les mathématiques et les sciences comme des alliées.

J'ai commencé ma carrière en tant qu'investisseur chez 21 Invest, une société fondée par Alessandro Benetton, descendant du grand industriel italien. Dans ce métier, j'étais probablement l'une des premières femmes du *private equity* en Italie. Il requiert un *mindset* qui réunit différentes compétences telles que la mise en perspective d'un business model par rapport à son marché, la valorisation financière d'un certain positionnement, le leadership, la stratégie et la structuration juridique.

En 2000, la société voulait conforter son positionnement européen au travers d'acquisitions en France et on m'a confié l'activité à Paris.

J'y ai investi dans la santé, la biotech, les médias, le digital, le BtoC, l'équipement. En capital développement, on exerce une activité qui est une alliance entre l'expertise de l'investisseur et la vision de l'entrepreneur, et dans ce cadre, on crée de la valeur partagée en modélisant les potentiels de mise à l'échelle (*scale up*) de l'entreprise. L'habilité de l'investisseur est celle d'apporter son expertise pour maximiser la création de valeur et faire la différence avec une entreprise qui ne compte pas d'investisseurs professionnels à son capital.

Cela exige une approche généraliste et la capacité à identifier de belles alliances entre un projet, un entrepreneur et un secteur. Quand j'investis, cela m'amène forcément à intervenir dans la structuration de la gouvernance et le business model des boîtes que je fais « grandir ».

À la recherche d'opportunités pour faire du capital croissance, je me suis très vite intéressée aux marchés émergents et j'ai découvert l'Inde, notamment les segments du digital et de l'équipement santé. Ayant déjà visité 55 pays dans le monde et avec une vision très vaste des marchés émergents du monde entier, c'est l'Inde qui m'a le plus inspirée, pour la transformation socio-économique qui y est en cours, particulièrement accélérée par les technologies digitales.

J'y ai construit un réseau de relations très approfondi et articulé dans le monde financier et également dans le monde de la culture. Dans mon métier, les relations humaines sont cruciales. Quand vous investissez dans un pays comme l'Inde, vous ne faites pas que du business. Vous contribuez également à la transition socio-économique du pays. Un magnifique défi !

Après plus d'une dizaine d'années chez 21 Invest, je voulais contribuer à l'innovation en visant un marché comme l'Inde, riche de potentiel lié à sa population, à son ambition entrepreneuriale et à sa richesse dans le domaine de la technologie et de la culture. L'Inde est d'abord une grande civilisation avec tout le potentiel lié à ce patrimoine. C'était un challenge entrepreneurial et j'ai pris des risques. Cela n'a pas été de tout repos, c'est l'essence même d'être entrepreneur, et la locution latine « *Per Aspera ad Astra* » explique assez bien mon regard sur l'initiative d'entreprendre.

J'ai commencé par cofonder une banque d'affaires franco-indienne, Bryan Garnier India, pour accompagner les opérations de fusion et acquisition entre les deux économies : cela a permis de conseiller de grands groupes. Ensuite, j'ai cofondé le fonds Brands-Beyond qui visait le secteur du luxe et lifestyle en Inde : le montant des fonds levés n'était pas assez important pour transformer l'initiative en référence et accéder aux meilleures opportunités. Il y avait également un manque de maturité des investisseurs indiens et français dans ce domaine, ainsi qu'une faiblesse de l'infrastructure *retail* en Inde qui n'assurait pas une distribution adaptée à des marques lifestyle.

En 2018, j'ai fondé Tech-IA Impact Invest qui capitalise toute l'expertise sur le marché indien, développé sur une décennie, avec l'objectif de favoriser les opportunités autour des technologies et faire profiter des investisseurs européens des meilleures opportunités. Le leitmotiv reste de rapprocher deux mondes qui s'ignorent largement : les deux écosystèmes, français et indien, se distinguent pourtant par l'excellence dans l'innovation technologique et digitale. Réunir leurs deux expertises dans une initiative d'investissement commune, les faire grandir et fructifier représente une évolution naturelle qui constitue la mission principale de Tech-IA.

Toutes ces années d'expérience m'ont permis d'accroître mes réseaux et de connaître aujourd'hui tous les fonds et familles d'investisseurs du continent indien. Cette expertise est aujourd'hui très reconnue, je suis régulièrement sollicitée pour intervenir dans des conférences et des programmes de mentorat centrés sur l'investissement en Inde ou sur le développement sur ce marché. L'intervention à l'évènement « InnoGeneration », la conférence annuelle organisée par BPI France, et le programme de mentorat en cours chez X-HEC ont été une excellente occasion de partage d'expertises.

Ayant progressé par granularité en France et en Inde, je suis aujourd'hui investisseure en venture capitale, pionnière dans le domaine des investissements transfrontaliers entre les deux économies, et je suis sollicitée pour apporter du conseil en gouvernance, en structuration business et en scalabilité spécifiques à l'écosystème indien.

L'étape la plus marquante dans mon parcours

Il y en a plusieurs ! D'abord, le fait que je sois sortie **major de ma promotion** et que j'ai réalisé une thèse de fin d'études en Ingénierie financière, récompensée par **deux prix nationaux** attribués par le Banque de Rome et la Banque de la Vénétie en tant que thèse la plus innovante en matière de modélisation prédictive des risques financiers et l'utilisation des dérivés.

Ensuite, quand on m'a confié la responsabilité de **développer les activités de 21 Invest en France et en Europe,** en tant que directeur de la stratégie européenne. Puis encore, l'expansion **de l'activité de Tech-IA** qui consolide les actifs et expertises acquises sur le marché indien.

En réalité, je pense que j'ai toujours été intriguée par la lecture des biographies et des œuvres des **grands leaders** de la science, politique, littérature et religion. Surtout, j'ai été marquée, encore collégienne, par la **découverte** de Léonard de Vinci, Shakespeare, ainsi que Dante Alighieri, Mahatma Ghandi, Jawaharlal Nehru. Au collège, j'ai eu la chance d'étudier la philosophie et la culture indiennes qui faisaient partie du programme prévu par l'Éducation nationale dans le cadre de culture générale et de la culture comparée.

Léonard de Vinci a apporté des éclairages très importants dans des domaines si variés, et selon moi, c'est **le père de la *Deep Tech*** : la technologie qui change la vie ! J'ai lu sa biographie à l'âge de 13 ans, et cela ne m'a plus quittée, je l'ai adopté comme **modèle.**

Quant à **Shakespeare,** c'est notamment l'œuvre *Le Roi Lear* qui m'a inspirée, car on y puise un regard puissamment innovateur sur les relations **humaines** et l'envie de **changer.**

Mon leadership

Je suis à la fois **entrepreneur** et **leader** ; dans mon domaine, il faut absolument allier les deux.

Il faut savoir prendre des risques, les mesurer et développer le discernement approprié pour identifier les voies les plus porteuses, mais le plus important, c'est de **créer des alliances**.

Il faut lier les entrepreneurs avec un marché, des valeurs socioculturelles et du capital. Ils ont besoin de ponts. **J'incarne ces ponts**. Je n'apporte pas juste du conseil ou une expertise. Je me mouille, je m'engage, **j'ai la conviction que la vraie réussite est une alliance entre valeurs humaines et économiques, ou pour l'exprimer à la manière indienne, l'alliance entre l'esprit et la matière.**

Je dois aussi être visionnaire, c'est vital dans les marchés émergents. Mais la vision ne doit pas l'emporter sur la gestion opérationnelle et rigoureuse d'actifs ; je situerais le bon équilibre dans une alliance entre 40 % de **vision** et 60 % **d'exécution**. Cela peut paraître simple, mais c'est un subtil équilibre, qui ramène au juste équilibre entre esprit et matière.

Mon monde VUCA a commencé...

... sans que cela m'affecte, sauf en positif ! Je travaille en *crossborder*, mon gagne-pain, c'est très largement la transformation digitale. L'émergence des start-ups et la culture business des *millenials* m'ont énormément avantagée. Pour moi, le monde VUCA est juste **fantastique** et **fluide**.

En Inde, le contexte est VUCA à l'origine, c'est sur la volatilité et l'incertitude que se fondent les approches business, ce qui leur a permis de sauter des étapes, de faire le fameux *leapfrogging*. Ils ne sont pas passés par la phase du *retail* classique, ils se sont immédiatement immergés dans la transformation digitale et savent surfer sur elle. **L'Inde a tout misé sur le digital,** c'est une sacrée force pour elle ! Et ce digital leur permettra de mieux comprendre leurs consommateurs et d'organiser une structure *retail* physique plus adaptée et pas une copie conforme du modèle occidental qui est le fruit de notre héritage culturel.

La crise avant-COVID qui m'a le plus appris...

... était mon initiative lifestyle et luxe qui n'a pas la taille critique nécessaire comme escomptée... et le fait d'être une femme !

Même si la première activité que j'avais lancée en Inde était loin d'être un échec et qu'elle existe toujours, cela m'a tout de même obligée à me poser quelques questions fondamentales et de remettre ma stratégie en question. J'ai décidé de **pivoter, valoriser mes expériences,** en particulier celle d'administratrice depuis 5 ans d'un groupe technologique coté, et prendre le **virage de la tech**.

Finalement, c'était une crise qui m'a surtout renforcée et amenée vers d'énormes **opportunités**, car en me poussant vers la tech, j'ai pu ensuite véritablement m'épanouir et avoir une meilleure visibilité.

Dans la phase de remise en question, cela n'a évidemment pas été simple. Il fallait d'ailleurs parvenir à une prise de conscience commune, il y a avait des associés dans l'affaire.

Ce qui m'a le plus aidée, c'était d'être **accompagnée** par un merveilleux **coach professionnel**, ainsi que de rejoindre le **réseau de femmes** *International Women's Forum* (IWF).

On a tous besoin **d'appartenance**, de **valorisation**. Les hommes le font depuis longtemps par des clubs d'affaires, sportifs et culturels, ils apprennent à se valoriser et promouvoir mutuellement. C'est l'une des raisons pour lesquelles les hommes accèdent plus facilement aux postes de pouvoir décisionnel. Je n'oublierai jamais les mots du doyen de la faculté des finances, lorsque j'avais été récompensée par les prix nationaux : « Luisa, **si vous étiez un homme**, avec votre profil, vous seriez millionnaire dans dix ans. » Il a eu raison. J'ai mis beaucoup plus de temps pour y arriver, à capitaliser mon expertise. Au début, j'ai cru qu'il se trompait et qu'il était « très old school » et qu'enfin, ma génération allait changer les choses en mieux.

L'écosystème business n'est pas favorable à ce que les femmes s'enrichissent. Quand une **fille** veut devenir **millionnaire**, on trouve cela **étrange**. Quand on est une femme et que l'on veut faire rentrer des investisseurs dans son fonds, on ne vous accorde pas la même légitimité. On attaque votre intégrité, votre confiance en vous, et on vous reproche des erreurs qu'on justifierait très facilement chez un homme. Et on ne vous donne pas accès aux informations. Les informations qui comptent sont échangées dans des **cercles d'hommes**.

On va aussi interpréter vos relations avec les autres. Avec mon associé en Inde, notre binôme homme-femme a créé beaucoup de malentendus, surtout au début.

Évidemment, quand vous êtes non seulement une *businesswoman*, mais en plus dans la finance, cela détone encore plus. Rajoutez le fait d'être également mère de deux enfants, vous ne rentrez plus dans les cases de certaines générations.

Quoi qu'il en soit, je pense qu'il **appartient aux femmes** de se prendre en main et de changer tout ceci. Les femmes qui ont réussi ne sont **pas encore assez disponibles** pour mentorer les autres. D'ailleurs, les femmes ne sont pas encore pleinement conscientes que la réussite du talent féminin est aussi liée au soutien apporté par les autres femmes, c'est-à-dire par sa communauté de référence. Les hommes pratiquent cet esprit depuis des millénaires et ont également bien œuvré pour diviser les femmes entre elles !

Un exemple parlant est qu'il est extrêmement rare de trouver dans les écoles de commerce ou autres institutions des salles et des chaires portant des noms de femmes. Pourquoi ? Les femmes ne pensent pas forcément à financer une classe ou une chaire avec leur patrimoine et à transmettre à la postérité leur engagement.

Alors que la fraternité des hommes en matière de business fonctionne extrêmement bien, **il manque aux femmes une forme de sororité**. Les femmes ont du mal à se légitimer et à s'entraider. La communauté féminine est plus difficilement acquise à un leader femme qu'à un leader homme ; voilà le vrai gros problème de parité dans notre société, et vous ne le réglerez pas uniquement à coup de quotas. Dans le même temps, le bilan de la présence féminine dans les instances dirigeantes des grands groupes reste un vrai **scandale**, c'est indigne d'un pays développé comme le nôtre ! Et ça fait des millénaires que cela dure. On est encore tellement **marquées** par les **cultures polygames**, où les femmes luttaient les unes contre les autres pour avoir le mâle dominant. Dans ces cultures, les femmes n'étaient pas unies, elles n'ont pas développé la sororité. Le **collectif féminin** reste à construire. C'est tout l'intérêt de réseaux comme l'IWF.

La COVID & moi/nous

La COVID a causé des **ralentissements** importants pour mes activités, de nombreux business ont été mis en **suspens**. J'en ai profité pour me concentrer sur le coaching, l'accompagnement et **l'intensi-fication des liens** au sein du club franco-indien que j'ai fondé. Pendant le confinement, j'ai profité de la **proximité avec mes enfants**, même si la prise en charge de leur « collège à domicile » fut une affaire parfaitement bien partagée entre mon mari et moi.

Je suis convaincue que l'avenir proche nous réserve de **sérieuses remises en question**, que tous les secteurs vont être **chamboulés**.

Il y a une évidence qui s'impose actuellement : on peut réussir si on fait partie d'un écosystème favorable au fonctionnement inclusif et collaboratif. La réussite n'est pas que liée à nos qualités personnelles, mais aussi au contexte socio-économique ; pour cela, l'esprit de « *give back to the community* », la réciprocité, c'est fondamental pour faire avancer les choses.

Mais il ne s'agira pas seulement de questions de présence physique et connexions et déconnexion du travail, de la géographie et des liens... Plus globalement, nous allons voir émerger de **nouvelles exigences** comportementales, voire **mentales**. Parmi les secteurs les plus touchés, on trouvera évidemment le tourisme, mais également le luxe. Les clients se demanderont si la robe griffée vaudra vraiment une semaine de détente dans un spa. Les priorités ne seront plus les mêmes et la question de la valeur des choses, de la « *value for money* » se posera désormais en d'autres termes.

Leaders de demain, quels challenges ?

Trois leviers me semblent indispensables pour réussir l'entrepreneuriat et le leadership dans le monde qui vient :

1) **Aligner quantitatif et qualitatif**, ou savoir allier **l'humain** et le résultat **financier**.

Ne jamais oublier que le dernier est toujours le fruit d'une équipe ou d'un écosystème où chaque contributeur compte. Cet alignement commence par une posture très simple, basique, et pourtant si souvent oubliée : **savoir dire merci** !

2) **S'ouvrir** vers **l'international** et les cultures différentes. Si vous « osez » les marchés émergents, vous allez non seulement vous ouvrir des potentiels incroyables en termes de *scalabilité* de vos business, mais vous contribuerez également au développement de ces pays, vous allez pouvoir faire du « *business for good* » ! À condition d'avoir une approche de moyen et long terme, c'est-à-dire de veiller à ce que vos activités permettent d'offrir des **emplois qualifiés localement**. Vous contribuerez également à **l'émergence d'une classe moyenne**, et par là même au développement de vos futurs marchés.

3) **Valoriser les talents féminins**. Arrêtons le scandale de l'absence des femmes dans les instances dirigeantes des plus grands groupes français. Il ne s'agit pas d'un combat contre les hommes, mais d'un effort pour plus de solidarité et de collectif entre les femmes.

Mon petit truc

J'écoute de la **musique**, en général le **dernier tube du moment**. Même si c'est très *people*, cela me ramène au présent, me fait ressentir le monde dans lequel je vis.

Mon motto

Je suis dans le concret, j'avance dans le concret et je sais prendre des risques. Ma maxime est évidente : « *Learning by doing.* »

Corinne PITAVY

*Consultante Image Sept, Ancienne Directrice
Générale Groupe Express Roularta*

Short bio

J'ai commencé mon parcours dans les médias, après une licence de Lettres et un diplôme de l'EMP. D'abord dans la régie publicitaire, puis, côté éditeur, comme directrice générale de magazines spécialisés dans le lifestyle. En 2006, la direction générale du Groupe Express Roularta m'a été confiée. Je me suis donc retrouvée à la tête d'une ETI d'environ 200 millions d'euros qui chapeautait une quinzaine de titres et qui mettait en synergie trois métiers : la presse et les contenus papier, le digital et les contenus web, l'évènementiel et la diversification (les salons, les conférences, les licences, les croisières...). À la faveur de la revente du groupe par son actionnaire, j'ai pu « actionner mon parachute » et je suis devenue consultante chez Image 7, la première agence indépendante de communication d'entreprise. Notre métier, c'est le conseil en stratégie de communication, d'image et de réputation. J'ai donc pivoté d'un métier de direction générale à un métier de conseil en stratégie d'influence. Cela ne vous place pas au même endroit de l'échiquier, mais votre expérience de direction d'entreprise et le réseau constitué dans le monde des médias sont des atouts.

L'étape la plus marquante dans mon parcours

Je ne peux pas dire que je sois mue par le goût du pouvoir en tant que tel, mais quand vous êtes nommée DG d'une entreprise comme le Groupe Express Roularta, cela vous picote un peu. Ce n'était pas la première fois dans ma carrière que l'on venait me taper sur l'épaule pour me proposer une nouvelle responsabilité, et je ne suis pas quelqu'un qui a peur. Comme à chaque fois, j'ai répondu : « **OK, on y va !** » Mais cette fois-ci, je me trouvais en première ligne face à l'actionnaire, il fallait tenir la barre, prendre les bonnes décisions, embarquer les équipes, sortir le résultat et le tout dans un secteur en **pleine crise**.

Certes, ce n'était pas mon entreprise, mais celle des actionnaires, et cela vous donne des responsabilités. Ils me faisaient confiance, et ma devise quand on vous fait confiance, c'est qu'il faut la rendre avec un coefficient multiplicateur.

C'est évidemment passionnant de se retrouver à la tête d'une entreprise qui doit **réinventer son modèle**, car l'industrie de la presse comme celle de la musique ont été les deux premiers secteurs impactés par le tsunami numérique qui a pulvérisé en quelques années leurs modèles économiques. Il a fallu être solide, inventif, très à l'écoute de ce qui commençait à bouger dans notre secteur et **ne pas faire les choses à moitié !**

Mon leadership

Parmi les qualificatifs de leader, dirigeant, manager, entrepreneur... je retiendrais celui de **dirigeant** qui **partage** et qui **valorise**.

Je m'applique à pratiquer un leadership qui donne les clés, un leadership basé sur la **confiance**.

Je me retrouve bien dans **l'intelligence collective des start-ups**, peu de hiérarchie, beaucoup d'échanges, l'enrichissement des idées ; c'est un peu comme au foot, si vous faites bien tourner le ballon, ça construit de bonnes actions qui mènent au but.

Je ne fonde pas mon leadership sur le non-dit ou sur la distance, ma porte était toujours ouverte. Le secteur des médias n'est pas très protocolaire ni très hiérarchique, mais malgré tout, quand vous êtes la directrice générale, cela peut inhiber certains collaborateurs. Quand quelqu'un m'a dit une fois que « je faisais un peu peur », j'ai cru qu'on parlait de quelqu'un d'autre !

Je pense que la **transparence** et le **dialogue** sont les meilleurs alliés d'un dirigeant, surtout quand les temps sont compliqués.

Je communiquais énormément autour des enjeux, j'expliquais les chiffres, les challenges. Vous devez demander des efforts à vos équipes ? Alors il faut qu'elles sachent et qu'elles comprennent **pourquoi**, qu'elles s'approprient le **sens général**. C'était à la fois ma méthode et ma conviction pour susciter l'engagement et générer un bon esprit collectif qui peut faire des miracles en période de difficultés. Rien de pire que les guerres de clans et l'ambiance toxique.

Mon monde VUCA a commencé...

... avec l'Internet 1.0 !

Ça a été un bouleversement pour la presse et cela ne s'est plus arrêté depuis. Cela ne nous a pas seulement challengés en termes de canaux de diffusion de nos contenus ou de modes d'organisation des rédactions, on avait un **problème de modèle** !

Le premier site web de *L'Express*, c'était avant 2000. Dans notre secteur, on avait donc compris il y a plus de 20 ans qu'une **nouvelle ère** s'annonçait : notre monde devenait très **imprévisible** et changeait rapidement. On s'est tourné vers les États-Unis qui avaient un coup d'avance et où les GAFAM imposaient leur rythme fou d'innovation, pour essayer de comprendre où cela allait nous mener et anticiper nos décisions.

Et on a très tôt adopté des stratégies de ***test & learn***, il fallait être rapide, agile, mais savoir dire : « Stop, on arrête, les usages ne sont pas encore là, on va s'enliser. »

Aujourd'hui, ce monde VUCA n'est pas encore stabilisé pour les médias, les choses continuent à se transformer, et lorsque j'entends dire : « Ça y est, on a trouvé le nouveau modèle », je souris…

La crise avant-COVID qui m'a le plus appris…

… est cette évolution du monde VUCA qui s'impose par étapes.

C'est une forme d'instabilité qui s'est installée et qui devient la normalité.

Deux exemples montrent bien à quel point elle a plongé le secteur de la presse dans une course contre la montre :

- **Le modèle économique** : Quand on a mis nos contenus en ligne en accès gratuit, on misait sur une monétisation publicitaire via le « display », mais ce modèle s'est révélé insuffisamment rémunérateur et vite dépassé. Les GAFAM ont imposé l'hyperpuissance de leurs bases de données. Par leur précision dans le ciblage et par leur féroce compétitivité, ils raflaient la mise. Même ceux de nos sites qui avaient constitué de belles audiences digitales (sites et applis) ne faisaient pas le poids face à eux et leurs pubs *data-driven.*

- **La technologie** : L'accélération technologique a été rapide et insatiable en termes d'adaptation. Le jour où on avait enfin un site bien repensé et super ergonomique, il fallait déjà le refaire en mode « *responsive* », pour être conforme aux usages mobiles et ainsi de suite.

Nous n'avions ainsi pas d'autre choix que d'être dans le ***test & learn* permanent,** mais chaque test représentait des investissements non négligeables. Le plus complexe était aussi de gérer le « *stop or go* » : savoir à quel moment il fallait stopper un test pour ne pas perdre trop d'argent si les usages ne démarraient pas.

Le principe du *test & learn,* et avec lui du ***stop or go***, a aussi été déployé dans les choix d'organisation des rédactions. On avait au départ deux « silos » bien distincts : d'une part, les journalistes de la presse écrite, encore un peu star, mais déjà un peu *« vieille école » ;* de l'autre côté, les équipes digitales, les *« jeunes du web »*, qui n'étaient pas trop pris au sérieux par ceux qui se considéraient du côté des « vrais » journalistes.

Un jour, on a décidé qu'il fallait les regrouper pour insuffler de la modernité aux journalistes de la presse écrite, pour éviter qu'ils ne restent au bord du chemin et pour faire grandir les équipes du digital en expérience journalistique. On aurait aimé qu'ils s'apportent mutuellement. Finalement, cela n'a pas pris et a plutôt ralenti les journalistes du web. Ils perdaient du temps à expliquer aux plus anciens qui n'avaient de toute façon aucune envie de ce qui leur semblait être, à l'époque, une disqualification de leur métier. Les objectifs de gain d'audience à tout prix du web n'étaient pas les mêmes que ceux de la presse papier ; en tout cas, c'est ce que pensaient ces journalistes.

Nous avons donc fait **marche arrière** et séparé à nouveau les rédactions web et papier, on ne pouvait pas se permettre de ralentir et freiner les équipes digitales qui écrivaient « dans le rythme de l'histoire ». Aujourd'hui, la question se pose moins, on parle de marque de presse et on ne distingue plus sa forme offline ou online, mais cela n'a été ni automatique ni évident.

La question reste ouverte dans beaucoup d'entreprises, il est important que les **innovations** et les équipes qui les portent puissent dans un premier temps évoluer dans des **espaces protégés.**

D'où la nécessité des programmes d'intrapreneuriat dans les grandes structures qui garantissent des espaces physiques dédiés ou des écosystèmes d'incubation à l'extérieur.

Si vous n'accordez pas de place à l'innovation et à l'esprit qu'elle requiert, elle aura les plus grandes difficultés à éclore, les cultures des grandes entreprises étant dans la réalité très dominantes.

Le **triptyque invention, adaptation, réorientation** permanent vous challenge énormément : il faut allier **créativité** et **bon sens,** pas toujours faciles à marier. Si vous démultipliez les tests, vous prenez des risques d'investissements parfois inconsidérés pour une entreprise en recul sur son cœur de métier. Si vous ne prenez aucun risque, vous savez que vous allez dans le mur. Vous devez donc doser cela dans un subtil équilibre, avec le soutien de votre actionnaire, tout en gardant le rythme de la mutation.

J'ai donc abordé cette période dans un enthousiasme stimulant, rassemblé l'équipe de direction pour partager et diriger collectivement l'ensemble de l'entreprise. Là encore, la transparence était de mise, nous étions dans une incertitude majeure qui allait durer, mais ça allait également être unique de partager cette aventure professionnelle ensemble. Nous avons ainsi pu construire une culture de **l'aventure partagée** : tous sur le pont, chacun à son poste. La cohésion et les échanges étaient les maîtres-mots dans ce contexte de grosse mer, la navigation en *test & learn* équivalait à tirer des bords à la recherche du bon cap, celui d'un nouveau monde au modèle économique retrouvé.

Et ne nous y trompons pas : les vents forts soufflent encore pour les années qui viennent, le **digital** est une lame de fond qui **renverse tout, en même temps qu'elle réinvente tout.**

La COVID & moi/nous

Dans le monde des médias au sens large, la COVID n'a pas véritablement changé les modes de travail, elle a juste intensifié les pratiques digitales, déjà à l'œuvre dans ce secteur.

Dans le monde de la communication d'image, la matière première est en train de s'enrichir. Les crises sanitaire et économique ont accéléré l'émergence de la responsabilité sociale et environnementale des entreprises (RSE), leurs raisons d'être et d'agir. Ce n'est pas un simple sujet de communication, c'est au cœur des questionnements des entreprises parce qu'elles sentent que c'est une attente en forte hausse et qu'elles sont elles-mêmes convaincues de leur responsabilité dans l'adaptation.

Pendant le confinement, les sujets de communication ont été sensiblement plus axés sur les initiatives solidaires, mais plus généralement **l'environnement**, **l'écologie**, la **préservation** de la planète, une alimentation plus responsable sont des sujets qui deviennent centraux... Les consommateurs et donc les entreprises vivent une **prise de conscience** de la fragilité et de l'interdépendance des écosystèmes. Certaines entreprises vont plus loin et deviennent des « entreprises à mission » qui s'engagent concrètement sur des critères contrôlables.

Pour les entreprises de communication, le sujet est central et n'est pas près de s'amenuiser une fois la crise passée. Ces enjeux, qui sont au cœur des stratégies de communication, sont devenus des sujets de COMEX.

Leaders de demain, quels challenges ?

La crise actuelle, ainsi que les nouvelles exigences environnementales, sanitaires, déontologiques qu'elles induisent prendront du temps à s'installer, parce qu'aucune entreprise ne prendra le risque d'un impact trop brutal sur sa rentabilité.

Trouver et **adapter** les **modèles** dans ce contexte sera ardu. Mais l'opinion publique est en train de changer sur ces questions, et les jeunes générations y sont très sensibles. Dans cette mutation, les femmes qui ont une conscience de la vie, du vivant, auront, je pense, un rôle déterminant.

On sait déjà que lorsqu'il y a plus de **femmes** dans les **COMEX**, il y a souvent moins d'égo et plus de partage. La parité paie, on a même constaté, études à l'appui, que dans la plupart des entreprises dirigées par des femmes, les performances sont durablement supérieures.

Diversifier davantage sera l'un des challenges des leaders de demain.

Plus largement, certaines des compétences ou facilités que l'on prête davantage aux femmes – mais que les hommes peuvent développer et cultiver également – seront particulièrement nécessaires : dans des contextes de réinvention, une des capacités clés du leader sera de savoir **créer les conditions de l'intelligence collective...**

Nous aurons aussi besoin de retrouver le goût et le **plaisir du travail**. J'ai toujours trouvé que travailler était gratifiant et ludique. Mais on voit une jeune génération qui développe un rapport au travail plus distancié. C'est un sujet, car les défis à relever sont nombreux et passionnants, ce serait dommage de les affronter sans élan ni plaisir.

Enfin, hommes ou femmes leaders, quel que soit leur secteur d'activité, auront besoin d'une vision de plus en plus **multiculturelle** et la plus **digitale** possible !

Ce que je conseille concrètement aux leaders de demain :

- <u>Ouverture</u> : soyez **curieux** et posez-vous toujours la question du pourquoi et du comment ça marche.
- <u>Diversification</u> : Consacrez les 10 premières années de votre carrière à acquérir des expériences : diversifiez vos compétences, vos perspectives, changez de poste, d'entreprise, de secteur, de spécialité et même de pays autant que possible.
- <u>Spécialisation</u> : Par la suite, identifiez ce qui vous passionne le plus et faites-en votre **spécialité**. On aura à l'avenir de plus en plus de besoins d'expertises, et si vous êtes dans votre zone d'excellence ou sur votre pente naturelle, vous maximiserez le sentiment de maîtrise et de plaisir, éléments clés d'épanouissement dans la vie.

Mon motto

« Au pire, c'est non. »

Je vous assure, je suis connue pour l'appliquer à la lettre. Adoptez-le, c'est « tous droits cédés »... Vous verrez, ça libère et ça donne des ailes !

Caroline **POROT**

Directrice de l'École 42 de Mulhouse
Ex-Chief Digital Officer,
Conseil régional Grand Est

Short bio

Mon parcours s'est construit sur une série d'échecs fondateurs.

Collégienne, je voulais déjà être journaliste politique, j'adorais la lecture. J'ai fait Sciences Po Paris, mais j'ai échoué au concours de l'école de journalisme. Ce fut un échec tellement inconcevable que je n'avais prévu aucun plan B, aucune solution de *backup*. Sans alternative, cela marquait un coup d'arrêt abrupt au parcours que j'avais projeté.

Je me suis dit que j'allais retenter ma chance l'année suivante. En attendant, je voulais faire un stage dans un parti politique, ce qui était censé me donner quelques bases intéressantes pour ma future carrière de journaliste politique. Je voulais encore y croire un peu.

Issue d'une famille de droite, j'ai fait mon stage au RPR. Très vite, ce stage s'est transformé en CDI au service presse. Mes interlocuteurs étaient donc ceux dont j'aurais voulu faire partie : les journalistes politiques. En acceptant ce CDI, j'avais renoncé à ma carrière de journaliste politique, un renoncement fondateur.

Le deuxième échec marquant n'allait pas tarder : au bout d'un an, je me suis fait virer. Ce qui m'a amenée à devenir attachée parlementaire pour deux députées avant de rejoindre le cabinet du ministre du Tourisme. Ce n'était pas un ministère prestigieux, mais le tourisme à l'époque était en plein basculement. La première disruption, assez invisible du grand public, c'étaient les réservations en ligne pour le transport aérien. Et j'étais aux premières loges de cette mutation profonde qui s'engageait. Mon rôle, c'était de rédiger les discours du ministre et de travailler sur la prospective. Je devais capter rapidement ces sujets émergents. C'est ainsi qu'a germé en moi la passion pour l'innovation et le digital.

Sous l'ère Sarkozy et un nouveau gouvernement, je m'attendais à trouver facilement un nouveau poste en cabinet, dans un ministère régalien, plus en vue. J'avais déjà une expérience à valoriser. Mais je n'ai rien trouvé. J'avais probablement été trop rebelle avec mon directeur, qui m'a blacklistée.

S'en est suivi une année très compliquée, moralement et financièrement. Mon mari s'est retrouvé au chômage en même temps que moi. Ce n'était pas la « fête à la maison ». J'ai fini, au bout de 8 longs mois, par trouver un poste à l'association des maires des grandes villes de France (AMGVF), devenue aujourd'hui France Urbaine.

À l'époque, cette association – qui regroupait les villes de plus de 100 000 habitants – comptait une majorité d'élus de gauche et était présidée par Michel Destot, maire de Grenoble. À l'opposé de mon background politique, donc. Mes amis et anciens collègues pensaient que je faisais une erreur stratégique, que je trahissais mes idées politiques. Pourtant, mon passé m'amenait plutôt à interagir avec des maires de droite. Et comme j'étais, par ailleurs, en charge des relations avec le parlement et le gouvernement qui étaient aussi à droite, j'étais plutôt en phase avec ceux qui peuplaient les cabinets ministériels, raison pour laquelle Michel Destot m'avait recrutée.

Dans le vaste champ de mes responsabilités, il y avait, enfin, les relations avec les entreprises partenaires, les *utilities* (délégataires des services publics comme l'eau, l'énergie, les transports). Avec lesquelles j'avais créé un groupe de travail sur la ville intelligente, la *Smart City*. C'est ainsi que j'ai rencontré Jean Rottner, l'un des élus locaux les plus au point sur ces sujets. Après les municipales de 2014, les équilibres de l'association se sont inversés : présidence de droite avec une majorité parlementaire de gauche (présidence Hollande). J'étais bien identifiée par les nombreux élus de droite qui « raflaient » les grandes villes. Dont Jean Rottner. Il m'a proposé la direction de son cabinet.

Quand il est devenu président de la Région Grand Est en octobre 2017, j'ai voulu le suivre. Je suis devenue conseillère numérique ou *Chief Digital Officer*. Ma compétence n'est pas technique ou technologique : je ne suis pas informaticienne de formation. Mon rôle, c'est d'anticiper, de faciliter et d'encourager les transformations à l'ère du digital et de coordonner, de donner de la visibilité à notre stratégie de *Smart Region*.

En 2021, je m'envole pour une nouvelle aventure. Je prends la direction de l'école 42 de Mulhouse, que j'ai contribué à faire émerger.

L'étape la plus marquante dans mon parcours

Mon passage en cabinet ministériel et l'échec cuisant qui s'en est suivi.

Un échec, c'est dur, c'est démoralisant. C'est compliqué de comprendre et d'accepter qu'on n'a plus besoin de toi, qu'on ne t'aime plus, qu'on ne reconnaît plus ta compétence, ta personne. Plus personne ne t'appelle. Du jour au lendemain.

Après, tu comprends que l'on ne t'a pas aimé, pas reconnu pour ce que tu es, mais pour ce que tu représentais, pour l'idée que les autres se faisaient de ce que tu pouvais leur apporter. La **reconnaissance** que te renvoient les autres est toujours très **contextualisée** et donc très **intéressée**.

Avec le recul, je mesure la chance que j'ai eue de vivre ça assez tôt dans mon parcours. Mais aussi d'avoir derrière une « carrière » riche, diversifiée après. Ça doit être bien pire d'arriver « au sommet » à 35 ans, sur un poste de cabinet très exposé (à l'Élysée, à Matignon…), puis de se recaser en attendant la retraite. Moi, j'ai toujours la sensation que le poste d'après sera encore plus intéressant.

Ma **résilience**, celle qui m'a permis de rebondir après cette crise de parcours, je la tire de mon entourage et du « **capital bonheur** » que j'ai reçu dès l'enfance. J'ai eu un cadre familial équilibré et une enfance heureuse, cela te donne un filet de sécurité intérieur. Tu sais que tu peux rebondir.

Je suis aussi d'un naturel **optimiste**, très **adaptable**, j'ai toujours la certitude que le meilleur est à venir et la conviction qu'il nous appartient de créer nos propres opportunités. J'ai été forgée par cette vision familiale, transmise par ma mère : n'attends rien des autres. Sois indépendante pour pouvoir t'offrir ce que tu veux. J'ai deux filles, et c'est aussi le type de valeurs que je m'efforce de leur transmettre.

Mon leadership

Je ne suis pas à l'aise dans un management ou leadership traditionnel. Je plaide pour un **leadership de projet**.

Dans une relation hiérarchique, je deviens vite trop autoritaire parce que je suis perfectionniste. C'est pourquoi j'estime que je ne sais pas bien diriger. Ce qui m'intéresse et m'enthousiasme vraiment, c'est la mobilisation de compétences, de créer des **connexions** entre équipes.

Je me retrouve dans la notion d'« **individual contributor** », c'est comme cela que je vois mon positionnement. Ce sont des cadres seniors qui se consacrent uniquement à leur expertise, sans la charge d'une équipe à gérer, ce qui permet de libérer leur créativité.

Je trouve très intéressantes les organisations par communautés d'expertise, avec des hiérarchies très plates, comme on en trouve chez OnePoint, par exemple.

Mon monde VUCA a commencé...

Mon monde VUCA est de **naissance**. Je suis faite pour ce monde où plus rien n'est figé. J'aime bien faire de l'astrologie à mes heures perdues. Monter des thèmes. Évidemment, ce n'est pas une science, je prends cela comme un art qui permet de réfléchir à soi-même, une grille psychologique qui permet de mieux comprendre quelles sont nos faiblesses et quels sont nos atouts.

Cela me permet de me sentir profondément connectée aux évènements. Et cela me renforce dans ma conviction qu'on a tous une forme de **mission** sur terre. Alors, même si je ne sais pas encore avec précision quelle est la mienne, c'est certainement quelque chose en lien avec ce monde très **changeant** et avec **l'accompagnement des ruptures.**

Je suis une femme de ruptures et de **disruptions**, et cela me va. Les retournements et les échecs m'ont toujours forcée à sortir de ma zone de confort.

Je n'ai jamais pu rester sur des rails bien tracés.

Ma vie a toujours été VUCA.

La crise avant-COVID qui m'a le plus appris

J'ai vécu le **tsunami** qui a submergé l'Asie du Sud-Est fin 2004 alors que j'étais au ministère du Tourisme. On n'était pas en première ligne comme le quai d'Orsay, on n'était pas sur place, on n'a pas vu les situations les plus dramatiques (sauf le ministre, qui s'est rendu en Thaïlande et en est revenu profondément choqué).

Mais j'étais présente pour accueillir les premiers voyageurs qui rentraient. Des gens comme vous et moi, des gens normaux qui avaient une vie confortable, qui étaient partis en vacances en famille, et qui sont parfois revenus avec leurs enfants dans des cercueils, ou qui nous appelaient à l'aide parce qu'ils étaient sans aucune nouvelle d'eux. D'autres, qui revenaient des Maldives notamment, débarquaient à Roissy en maillot de bain et en tongs. Ils avaient tout juste eu le temps de monter dans l'avion avant que la piste ne soit inondée et impraticable.

C'était extrêmement **bouleversant**. Cela m'a fait prendre pleinement conscience à quel point **une vie est vulnérable.** Que **tout peut s'arrêter en quelques heures,** qu'en fait, on ne maîtrise pas grand-chose. Et cela m'a confrontée aussi à une question immédiate : comment me rendre **utile** ? Par quoi **commencer**, comment **aider**, que puis-je faire alors que ce n'est pas mon job normal, que je ne suis pas formée pour, pas préparée ?

Ça a été d'une certaine manière un **avant-goût de la COVID** : en situation de crise, tu dois te concentrer sur tes fondamentaux, mobiliser les ressources de base qui sont les tiennes, ce que tu as en toi en tant que personne. Ce n'est plus ton métier, ta fiche de poste, ton statut qui va t'aider ou te guider.

Il n'y a plus que toi, ce que tu sais faire, ce que tu peux faire et ton **bon sens**.

La COVID & moi/nous

Quand la COVID a déferlé en France, j'étais **au cœur du cluster,** à Mulhouse. J'ai très vite compris qu'à l'hôpital, où mon patron Jean Rottner, urgentiste de formation, est venu donner un coup de main à ses anciens collègues, les soignants allaient manquer d'équipements, que les commerces alimentaires qui devaient rester ouverts avaient besoin de protéger leurs employés. Sur les réseaux sociaux (où je suis en veille permanente), j'ai vu des groupes Facebook se créer autour de ceux qui possédaient des imprimantes 3D pour bidouiller des protections, des visières à la place des lunettes pour éviter les projections, notamment. Le petit monde des FabLab s'est très vite mis en mouvement.

Alors je suis entrée en contact avec tous les groupes du Grand Est pour voir comment la Région pouvait les accompagner, les aider à trouver des fournitures (en mobilisant les stocks des lycées notamment), à organiser leur logistique, à travailler avec les forces de l'ordre pour bénéficier d'attestations afin de livrer les visières fabriquées chez eux. J'ai passé beaucoup de temps dans un FabLab aussi pour monter des visières, aider pour les livraisons. Être sur le terrain, c'est la seule solution pour être efficace, comprendre les besoins réels. Et j'ai créé une rubrique sur la plateforme numérique « Plus Forts Grand Est » pour faciliter la rencontre de l'offre et de la demande.

J'ai ainsi principalement travaillé sur un sujet qui était **en marge de mon job normal**. Ce dernier, je l'ai fait en pointillé, en accompagnant notamment mes collègues sur le volet travail à distance.

J'ai été frappée pendant toute cette période par la capacité des gens à s'adapter, à **faire le grand saut !** Rien de tel que de tous plonger dans le grand bain. À la Région Grand Est, avant, on était plutôt « timides » sur le travail à distance. La DRH avait lancé une expérimentation que je jugeais trop « prudente ». Avec la COVID, elle a complètement changé de position. On a pu **rattraper** un **retard** énorme en matière de « **culture digitale** ».

Autre apprentissage collectif, au-delà de mon administration : en temps de crise, l'**adaptabilité** et l'**agilité** sont déterminantes pour la **réussite,** bien plus que le poids, la taille et l'expertise de votre structure.

Enfin, la COVID a obligé les gens à **dépasser leurs peurs.**

Leaders de demain, quels challenges ?

Demain sera encore plus incertain qu'aujourd'hui.

La capacité à **se remettre en question,** de **sortir de ses zones de confort** sera l'atout numéro 1 des leaders de demain.

Si je devais donner quelques conseils assez concrets :

- **Écoutez les plus jeunes !** Évitez le « leadership de l'entre-soi », ce n'est pas très créatif. Ne cantonnez pas vos échanges à votre cercle du CODIR, allez plutôt discuter avec les stagiaires, les plus jeunes. Ce sont eux qui ont la meilleure vision, qui sont en capacité de vous décoder les tendances.
- Faites comme chez Accor : créez un **« shadow-COMEX »** composé de jeunes qui donnent leur avis sur toutes les questions stratégiques.
- **Cherchez le changement**. Ne restez pas trop longtemps dans un job. Formez-vous tout le temps et testez d'autres approches. Passez « de l'autre côté du miroir », c'est très formateur : pour moi, un temps en cabinet, un temps dans les services, cela a modifié ma vision, enrichi et accru ma capacité à proposer des choses mieux adaptées aux besoins.

• **Aérez** vos équipes et faites-les voyager (même virtuellement) ! Confrontez-les à des éco-systèmes innovants. Secouez-les et secouez-vous !

Ma maxime

La fameuse citation de Darwin : « *Les espèces qui survivent ne sont pas les espèces les plus fortes, ni les plus intelligentes, mais celles qui s'adaptent le mieux aux changements.* »

Sandrine YANA

Directrice associée Galiléo Courtage

Short bio

Jeune, je voulais être avocate pour défendre la veuve et l'orphelin. Avec mon bac littéraire en poche, je me suis lancée dans des études de droit. À la faveur de stages, j'ai vite découvert qu'un avocat ne défendait que rarement les grandes causes. J'ai alors décidé de me spécialiser dans le droit des assurances, inspirée par ma mère qui a fait une grande carrière dans ce domaine.

Mon DESS en droit des assurances en poche, j'ai commencé comme conseiller technique au département grands comptes chez MARSH, un grand cabinet de courtage. Après 8 ans et deux enfants, j'ai changé de groupe et suis devenue chargée de clientèle grands comptes chez Verspieren. Même si je n'y suis restée que trois ans, j'y ai énormément appris. On est ensuite venu me proposer de devenir responsable *middle market* chez GRAS SAVOYE, le premier courtier français. Ceci allait vraiment marquer une étape charnière dans mon parcours. Quand un fonds d'investissement a racheté le groupe, je ne me sentais plus à ma place et j'ai tenté l'aventure entrepreneuriale, aux côtés d'un ami qui me proposait une association au sein de son petit cabinet de courtage. Cette association n'a finalement pas fonctionné, mais j'avais goûté à l'entrepreneuriat, je ne pouvais plus faire marche arrière.

À la veille de mes 40 ans, j'ai donc fondé le cabinet Galiléo Courtage, et j'ai décidé de ne pas le faire seule. J'ai alors retenté l'association sur la base d'un modèle amélioré, forte des apprentissages, ou des « échecs apprenants », de l'expérience précédente. Mon associée est plus jeune que moi et nous sommes très complémentaires. Elle apporte une fraîcheur et l'approche des *digital natives* ; moi, j'apporte mon expérience et expertise. Mon âge et mon expérience me légitiment aussi dans le fait d'être l'associée majoritaire, et donc d'assumer les décisions et la responsabilité quand elles s'imposent. Mais le plus important dans le choix de mon associée était la conscience que l'on ne s'associe jamais avec un CV, aussi brillant soit-il, mais avec une personne et donc surtout avec sa personnalité et ses valeurs. C'est cela qui compte et qui fonctionne depuis déjà plus de 7 ans maintenant.

J'ai aujourd'hui 47 ans, je suis mariée à un homme formidable depuis 22 ans, mère de deux grands garçons, et toujours à la tête de mon cabinet qui se porte bien, que ne cesse de croître et qui m'épanouit.

L'étape la plus marquante dans mon parcours

Elles sont deux :

Ma première expérience pro chez CIGNA.
Tout juste sortie d'études, je suis embauchée avec un camarade de promotion dans la même en-

treprise, sur les mêmes postes. Au bout de deux mois, alors que nous échangeons de façon informelle sur nos premières impressions, j'apprends qu'il gagne 30 % de plus que moi ! C'était un choc, je l'ai vécu comme une grande injustice. Malgré ma timidité, je ne supportais pas l'idée d'accepter cette situation. Toute tremblante, je vais voir la DRH. On me répond que le moindre salaire permettait, dans mon cas, vu ma tranche d'âge, d'anticiper les coûts d'un éventuel congé de maternité. Sidérée, je n'ai rien lâché, j'ai mis la poursuite de mon CDD dans la balance et obtenu gain de cause.

Cela m'a probablement coûté une opportunité de promotion en CDI, mais cela m'a surtout forgée à vie. Cette cause de la **parité**, le refus d'être une victime, ne m'a plus quittée.

Ma prise de fonctions en tant que Manager/Responsable au sein de Gras Savoye. Quand on m'a proposé ce poste, je ne m'en sentais pas capable, pas à la hauteur, pas « taillée pour ». Il semblerait que ce manque de confiance soit très féminin. On **s'autolimite** et on se bride avec des préjugés inconscients sur les femmes, inculqués dès la naissance par notre environnement social (« les hommes sont faits pour diriger », « les femmes sont plus douces, doivent être de bonnes mères en faisant le choix de leur foyer, de par l'impossibilité de concilier vie de famille et vie professionnelle »...). Dans mon cas, c'était particulièrement incompréhensible, puisque les autres sont venus me chercher, ils pensaient que j'en étais capable, c'est moi qui n'y croyais pas ! Heureusement qu'il y avait ma mère, **figure modèle** dans mon cas, qui m'a poussée à accepter, à surmonter tous les freins que je me mettais toute seule. Il faut parfois ces figures modèles pour y croire.

Une fois que j'étais dedans, cela a tout changé. Ce fut un véritable tournant dans ma carrière professionnelle. J'ai compris que je savais manager, redresser un département, développer un portefeuille clients, réparer et redynamiser une équipe de 25 personnes qui avait été malmenée par mon prédécesseur. C'était la **révélation de mes capacités** personnelles et professionnelles : j'avais tout ce qu'il fallait et je l'ignorais !

Mon leadership

Je suis **dirigeante** et **manager** plus qu'entrepreneure ou leader.

Dirigeante, car diriger fait partie de mes qualités : diriger, c'est mener des femmes ou des hommes vers la réalisation d'un objectif, c'est aussi décider et trancher. C'est ce que je fais dans mon métier en m'appuyant sur mon expérience et ma conviction professionnelles.

Manager, car je sais dynamiser et fédérer des gens différents autour d'un même projet.

Je ne me sens pas prioritairement comme une entrepreneure. L'entrepreneuriat s'est imposé à moi, je l'ai accepté, car je savais ce que je ne voulais ou pouvais plus accepter. C'était aussi une rencontre lors de ma première association. Je n'ai jamais ressenti le besoin d'entreprendre ni de créer ma boîte, je n'avais pas d'idée géniale que je devais à tout prix réaliser...

Quant au qualitatif de leader, s'il définit quelqu'un qui détient le commandement, quelqu'un qui est seul, ce n'est pas pour moi. Je m'y retrouve en revanche s'il définit quelqu'un qui est **capable de guider, d'influencer et d'inspirer**. Celui qui a une **vision**.

Mon style de leadership tient en 4 mots :
Exigence, confiance, bienveillance et **collaboration.**

Mon **exigence** porte notamment sur le service au client ; là-dessus, je suis même intransigeante, c'est absolument vital pour un petit courtier. Je suis également exigeante sur les valeurs métiers (excellence, professionnalisme) comme humaines (esprit d'équipe, entraide...).

Je suis **confiante** par nature, sans doute parce que j'ai confiance en moi et en la nature humaine. Cela m'a parfois joué des tours ; mais sans regret néanmoins, car être perpétuellement dans la méfiance et la défiance nous prive d'opportunités, de rencontres...

Je suis **bienveillante** parce que de nature emphatique et avec une aversion pour l'autoritarisme, le management par la peur...

Enfin, le **collaboratif** est tout simplement ma méthode de travail.

Mon monde VUCA a commencé...

... progressivement d'abord, il y a quelques années. J'ai pu voir et ressentir les transformations économiques et sociétales liées aux nouvelles technologies :

La **transformation sociétale** s'est imposée à moi grâce à mon associée et mes enfants : ils me montrent l'importance des réseaux sociaux, des influenceurs, ce besoin de paraître, l'importance de l'image.

La **transformation économique** m'est apparue au travers de la relation au temps qui n'est plus la même. La relation de proximité, parfois même la qualité de service ne suffisent plus, les clients et entreprises réclament de leur prestataire de la rapidité dans l'exécution de certaines tâches, des gains de temps et d'argent. Cela passe bien sûr par la digitalisation.

Quant à la **transformation écologique**, chez les générations Y (mon associée) et Z, c'est une évidence, ce n'est plus une option.

Mon monde VUCA s'est manifesté pleinement il y a 2 ans, quand je me suis rendu compte que la gestion de GALILEO COURTAGE en « bon père de famille » ne suffirait plus à son développement et à sa croissance.

On se faisait doubler par des cabinets qui avaient moins d'expertise, moins de services que nous, mais qui avaient des outils informatiques performants, des *community managers*, un marketing et une communication efficaces.

Pour moi, qui mets le sens du service client, de l'expertise au-dessus de tout, cela a été un choc, puis un constat : GALILEO **n'a pas le choix** et **doit s'adapter** à ce mouvement irrépressible et durable.

Cela s'est traduit par des recrutements, le changement de stratégie dans le choix de notre cible de croissance externe, et enfin par des investissements pour développer le digital.

La crise avant-COVID qui m'a le plus appris

Avec l'entrée d'un fonds d'investissement dans le capital de GS et le départ de l'actionnaire familial, j'ai dû constater et accepter que je n'y trouvais plus ma place. Les clients et les collaborateurs n'étaient plus au cœur de la stratégie ; l'absence de cap, l'affolement de la direction, les licenciements, ressentis comme arbitraires, mettaient tout le monde dans l'insécurité.

J'ai voulu batailler, et cette bataille m'a coûté 8 mois ; c'était le temps nécessaire et le prix à payer pour y voir plus clair.

Dans un premier temps, j'ai essayé de défendre mon point de vue, mon bilan, mes propositions pour atteindre les nouveaux objectifs et défendre mes équipes. Puis j'ai compris que je n'y arriverais pas.

Il fallait aussi me sortir de la victimisation, tirer sereinement les conclusions de cet échec, **comprendre mes limites** : je ne suis pas une politique et ne peux pas renier mes valeurs, ma conception de mon métier, mon impatience.

J'ai ensuite fait l'effort de rationaliser la situation, de ne pas l'émotionnaliser : le groupe n'allait pas si bien que ça, il devait se transformer, la stratégie à court terme ne me convenait pas, je n'avais pas la patience d'attendre, **il ne tenait qu'à moi** de me sortir de là.

J'ai fini par chercher ailleurs, et c'est ainsi que j'ai rejoint un petit cabinet en tant qu'associéc et l'aventure entrepreneuriale a commencé sans que je ne l'aie cherchée.

J'ai appris de cette crise :

- Que j'étais capable de **résilience** : pas évident pour moi, qui suis une émotive, affective…
- Que la **fierté** n'était pas toujours un **moteur,** mais également un **frein** : je suis restée 6 mois de trop par orgueil, en pensant aussi que j'étais incontournable.
- Ce que j'étais capable d'accepter et ne pas accepter.
- Que j'avais besoin d'être maître de mes décisions, que mes valeurs étaient plus importantes que ma carrière.

La COVID & moi/nous

Au début, mon associée et moi n'avions **pas le temps d'y réfléchir** : il fallait organiser le télétravail, répondre aux inquiétudes de nos clients, rédiger des newsletters, organiser les visio conf avec les collaborateurs, faire travailler mon fiston à la maison…

Après est venu le temps de la **consultation** : nous avons effectué un sondage auprès de nos clients sur les impacts de la crise sur leur CA, évidemment importants.

Quant à Galiléo, la COVID a suscité des **inquiétudes** et de **l'espoir**. Nous avons dû accuser le coup du cataclysme et de l'ampleur de cette crise, le fait que notre année commerciale était foutue, que le marché de l'assurance risquait encore de se durcir…

Mais nous sommes **optimistes** : cette crise devrait pouvoir renforcer les besoins de liens de proximité et de confiance, d'un service à la qualité irréprochable. C'est notre atout. Dès le début de la crise, nous avons senti que nous avons su fidéliser davantage nos clients.

Si nous savons garder nos atouts de proximité et de qualité en les alliant à de **l'inventivité**, de la **créativité**, la capacité à **innover**, pour rester au plus près des nouveaux défis qui attendent nos clients, nous sortirons renforcés de cette étape.

Et je tire une confiance et une fierté toutes particulières de l'équipe qui m'entoure. Elle a pleinement démontré qu'elle était assez solide et résiliente pour traverser cette épreuve.

Évidemment, nous ne sommes qu'au début de la crise. L'incertitude sera le maître-mot. Je peux avoir des inquiétudes, mais j'essaie de ne pas trop les communiquer aux équipes. Je les gère « discrètement » en positivant. Si le(s) *chef(s)* prennent peur, les équipes pourraient paniquer. Avec elles, je réponds à cette incertitude par l'action. Les **projets** et **l'innovation** font avancer et permettent de se projeter. C'est essentiel pour rester motivé et garder le moral. Il serait fatal de céder à la résignation. L'action et les projets nous aident à avancer avec optimisme, et la solidité et la cohésion de l'équipe nous donnent de la sérénité.

En termes de stratégie, cette crise m'amène aussi à affirmer des principes clés :

- **Stratégie business** :
• Ne jamais transiger sur nos fondamentaux que sont le sens du service client et l'excellence. Garder les liens étroits avec nos plus gros clients et ceux qui nous ont fait confiance à la création de GALILEO. Malgré le management intermédiaire, entretenir la relation de confiance avec nos principaux partenaires assureurs.
• Comprendre que le virage du digital est incontournable – avec le défi de placer l'humain au cœur de la relation clients-courtiers-assureurs et de la transformation digitale de nos métiers !

- **Stratégie managériale** :
• Pour les recrutements, préférer s'entourer de collaborateurs et managers qui partagent les

mêmes valeurs et la même conception que nous du management : bienveillance, esprit d'équipe. Si on cherche uniquement d'excellents professionnels ou commerciaux, on risque fort de tomber sur des divas qui tirent la couverture à elles. Recruter des personnes et des personnalités, pas des CV !

• Promouvoir la parité homme-femme, la diversité en termes d'âge et de parcours.

Bien s'entourer, c'est vital si l'on veut réussir notre transformation et développement.

Leaders de demain, quels challenges ?

Les années d'incertitudes qui sont devant nous imposeront de se doter de repères et de s'ancrer dans des fondamentaux. Si vous êtes bien ancré dans ce qui vous importe, vous pouvez être très agile sur le reste.

D'une façon générale, les leaders de demain seront attendus sur deux fondamentaux :

La préservation des valeurs métiers (dans le cas de GALILEO, ce sont la proximité, l'excellence, la confiance, etc.) et du service client. C'est particulièrement vital si vous êtes en phase de croissance et de digitalisation, car ces deux facteurs peuvent vous éloigner très vite des clients et du terrain.

La constitution et le développement d'une équipe partageant les mêmes valeurs métiers et humaines : sens du service au client, ouverture, engagement et appétence pour l'innovation et les projets.

Si je pouvais résumer mes conseils en une phrase :
Ne jamais transiger ou perdre de vue les **fondamentaux** du **service client** et du **management bienveillant**.

Mon adage est double

« **Rien à perdre !** » et « **Ne rien lâcher !** ».

Autrement dit, au pire, ce sera un échec apprenant, et la persévérance, c'est l'essence de la résilience, elle s'avère toujours gagnante.

Biographie de l'experte,
Evelyne Chabrot

Evelyne Chabrot est diplômée de l'école hôtelière de Menton et a été certifiée coach par l'institut de coaching international. Elle est actuellement directrice générale de United Coaching, après avoir fait une carrière de 40 ans dans l'hôtellerie à des fonctions opérationnelles et ressources humaines.

Elle intègre le groupe Accor en 1974 au Royaume-Uni, puis elle regagne la France pour devenir directrice d'hôtel. En 1985, elle est rattachée à l'académie Accor, centre de formation du groupe, en qualité de directrice adjointe.

En 1993, elle met son projet professionnel en marche et devient la directrice des ressources humaines de Novotel monde. Après un parcours de directrice opérationnelle des Ressources humaines, de différentes marques et secteurs géographiques, Evelyne Chabrot est nommée directrice des Ressources humaines du groupe Accor.

Passionnée par l'humain, elle s'intéresse particulièrement aux ponts entre les attendus professionnels et les besoins personnels, ainsi que les enjeux de performance de l'entreprise.

Depuis trois ans, elle a repris des études pour devenir Bio-Analyste-Energéticienne pour accompagner ses clients tant au niveau du corps physique qu'au niveau émotionnel, mental et spirituel.

Evelyne Chabrot a été distinguée des insignes de chevalier de la Légion d'honneur.

Dans la même collection

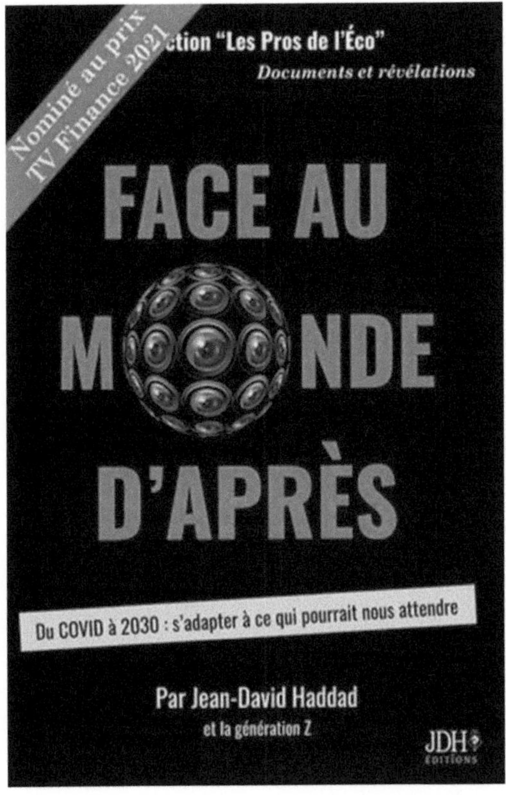

www.lesprosdeleco.com

Articles, interviews, vidéos : le site Internet vient en appui de la collection de livres économiques du même nom.

Suivez **JDH Éditions** sur les réseaux sociaux
pour en savoir plus sur les auteurs, les nouveautés,
les projets…

Découvrez notre boutique en ligne sur
www.jdheditions.fr